教师专业发展丛书

如何成为骨干教师

本书编写组◎编

Jiaoshi Zhuanye
Fazhan Congshu

　　教师的专业发展，不在于理论是否高深与新颖，重要的是理论与实践的联系，让教师们从自己的日常工作中获得真实有效的经验与反思。本丛书更多地立足于教师的三尺讲台来研讨教师的专业发展，从真实可感的教学实践中探索教育的真知。

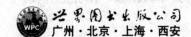
世界图书出版公司
广州·北京·上海·西安

图书在版编目（CIP）数据

如何成为骨干教师／《如何成为骨干教师》编写组
编 . —广州：世界图书出版广东有限公司，2011. 3（2024.2 重印）
ISBN 978－7－5100－3358－2

Ⅰ. ①如… Ⅱ. ①如… Ⅲ. ①中学－师资培养－研究
Ⅳ. ①G635. 12

中国版本图书馆 CIP 数据核字（2011）第 036085 号

书　　名　如何成为骨干教师
　　　　　 RU HE CHENG WEI GU GAN JIAO SHI
编　　者　《如何成为骨干教师》编写组
责任编辑　冯彦庄
装帧设计　三棵树设计工作组
出版发行　世界图书出版有限公司　世界图书出版广东有限公司
地　　址　广州市海珠区新港西路大江冲 25 号
邮　　编　510300
电　　话　020-84452179
网　　址　http://www.gdst.com.cn
邮　　箱　wpc_gdst@163.com
经　　销　新华书店
印　　刷　唐山富达印务有限公司
开　　本　787mm×1092mm　1/16
印　　张　12
字　　数　160 千字
版　　次　2011 年 3 月第 1 版　2024 年 2 月第 3 次印刷
国际书号　ISBN　978-7-5100-3358-2
定　　价　59.80 元

"教师专业发展"丛书编委会

主　编

序　言

　　教师是一个神圣的职业，也是一个更加需要专业性的职业。这里的专业性主要体现在一个教师的教学技巧上，包括课堂的管理、对学生的培养方法、教育理念如何随着时代、环境、学生情况的变化而更替、教师自身专业知识的巩固、更新等等。

　　一个教师所拥有的良好的教育方法，不但可以帮助教师提高工作效率、改善教育成果，也能为师生之间建立起一座情感的桥梁。教学方法的掌握更能引发学生的学习兴趣，集中学生的注意力、激发学生的求知欲、更能让教师的工作环境、学生们的主要学习环境——课堂充满生动、活泼、自然之气氛。

　　为了适应新课程改革的发展和广大教师职业发展的迫切需要，我们推出了这套"教师专业发展"丛书。依照教师们在教学中遇到的、可能遇到的问题都做了面面俱到的分析和解答，为教师们提供了多种教学方法，以便参考。

　　培养出品学兼优的学生，一直都是所有的教师的最梦寐以求的。如何让一个好学生好上加好，让一个"坏"学生逐渐向好学生过渡、转化，都是需要教师付出大量心血和娴熟技巧的。《好学生是教出来的》《没有不好的学生，只有不好的教育》就是针对好学生的养成而策划的。它们从不同的角度进行阐述，目的就是让教师能够抓住教育的切入点，从而对症下药、因材施教。

　　《教育创新与课堂优化设计》与《教师课堂教学技能的培养和提高》两本书中提供了一系列的方法和技巧，来帮助我们教师如何把死板的教学变得更加鲜活，怎样把最经典的教育理念和方法融入有趣的情境中，让教师更充分地领会先进、有效的教育方法。而公开课是每一位教师都要经历的。它不仅是对教师教学水平的检验，更是教师交流和探索教学经验的平台。不管是步入教师行业的第一堂公开课，还是在教师职业上的任何一堂，都是全方位检验一个教师教学质量的试金石。所以便有了《如何上好一堂公开课》这本书。

《如何成为骨干教师》这本书明确地道出了成为一位骨干教师所要具备的基本要求，并提供了各种可以达到此标准的路径。

在此套丛书中，我们更注重的是培养广大教师的教育思想、创新精神，鼓励教师们在实践中创造性地发展，总结先进的教学模式和教学方法。毫无疑问，这些新思想、新模式、新方法势必能够使教师们极大地提高教学质量。

丛书采用了浅显的语言去解释深刻的道理，把死板的说教知识人性化、鲜活化，并运用了大量的案例来分析、点评、讲解，把先进的教育理念同有趣的情景再现融会贯通，深入浅出，娓娓道来，让教师们能够最大程度上的领会、吸收先进的教育经验。

前　　言

　　什么是骨干教师？业务能力和学术水平较高，在教育、教学和科研工作中起核心作用的教师即骨干教师。

　　一般来说骨干教师有三层含义：一是资格认定与奖励意义上的；二是继续教育与培训意义上的；三是实际工作意义上的。

　　他们是教师队伍的核心力量，是推进素质教育的主力军，也是教师队伍建设的带头人，根据属地产生原则和分级管理权限，可以分为校、区(县)市(地)省(部)和国家五级。在不同级之间，骨干教师的素质要求和评定标准存在很大差别。就是在同一级中，也因地域分布、教师结构、评定标准、教学实际水平和供职单位所起作用大小等不同而存在显著差异。但无论哪种情况，作为办学组织、用人学校和教育投资者，对骨干教师素质的基本要求却是一致的，选拔、评价的标准也是基本相同的。

　　概括起来，骨干教师应该是这样的：在社会主义市场经济体制条件下，骨干教师应是具有高尚的师德修养，较高的教育智慧，健康的身心素质，高超的教学艺术，能运用课程知识、生活经验、信息技术、区域资源、电教手段等积极地进行创造性教学，并不断地取得教育创新成果，为学生的学习与成长，为学校的建设与发展，为当地的文明与进步作出积极贡献的教育专业人才。

　　目前，成为骨干教师是所有教师都在追求的教师职业目标。如何成为骨干教师也日渐被广大教师们列为首要研究对象。在探寻骨干教师所具备素质的结论中,为人师的态度、自身所具备的教学技巧、控制自我情绪的能力、与人的沟通技能还有作为教师最应该具有的反思精神,都是检验一名教师是否已经是骨干教师的最基本内容。

本着为广大教师提供一条明确的骨干教师成长之路的使命,此书归纳了怎样才能成为骨干教师的基本要点。它告诉我们:要成为教师之骨干,就必须让学习成为终身的需要;要成为骨干,必须以空杯的心态不断超越;要成为骨干,你必须学会反思,从而不断成长;还必须要扫除心灵的障碍,提升自我境界。

本书在编写上提倡以培养骨干教师为目标,以现代教育思想、现代教育技术以及当前教育改革的热点问题为研修内容,源于实践又高于实践,可用做骨干教师的培训教材,也可用于普通教师的自我阅读与提高,以期使教师在不长的时间内达到或接近骨干教师的水准。

1

目

录

第一章 态度决定一切

　　人与人之间只存在有很小的差别，但这种很小的差别却往往造成了人与人之间巨大的差异！这小小的差别是什么？是态度。任何事情，最终的成败关键往往不在于客观因素，而在于我们做事的态度。所以说态度决定一切，一点也不为过。对于一个年轻教师来说，要成为骨干教师，还有漫长的路要走，但只要我们在工作和生活中能以积极的态度面对困难，不为困难所吓倒，就一定能够战胜困难，使自己成为一名在生活和工作中能干的勇士、名副其实的骨干教师！

做你所爱的，爱你所做的

　　人的一生本身就是短暂的，在这短短几十年中，除去成长期和老年期，一个人能够投入在事业中的时间更是寥寥无几！虽然短暂，但是不能否认的是人生中最精彩、最能出彩、最夺目的璀璨时光都是在工作期间得以实现的。投身到工作中，它能给我们必需的生活资料，在情感上能让我们充分地感到充实，让我们体验到荣誉；我们在工作中寻找到快乐、人生事业期的归宿感。

　　可见，工作上的完满完成和人在工作中所获得的满足感是互为因果的，但这个循环等式的成立需要有一个前提因素来支持，那就是找一个真正适合你的工作。什么样的工作才能适合你的？对于这个人生中最重要的选择题来说，我们应该以怎样的标准来作为选择的参照？

　　有些时候，这个问题确实为我们带来了一定的困扰。不止一个人搞不清楚自己最真实的理想和愿望了。这种问题的产生有其一定的背景和根源的。

　　首先，信息社会使偌大的地球仿佛一夜之间就变成了"村"，人与人之间的联系越来越密切，每天打开电脑或者手中的一份报纸都能使人的信息来源最大化，眼界范围越来越广，思维活动也就越来越活跃。千奇百怪的想法在人的大脑中层出不穷地展现出来。而这个纷繁复杂的花花世界又给予了我们极大限度的各种诱惑，人们看花了眼，一山望着一山高也是有很大几率发生的。所以，我们得就顺其自然地迷茫了，彷徨了，找不到方向了，不知道自己的聪明才智到底应该发挥在哪了。

这就是我们时常找不到答案的原因，因为我们常常把事情复杂化，遇到关系到人生大方向的时候更是拿出所有的计量工具来估算其中各种利害得失，以选取最佳答案。其实，真正的答案并不需要你费尽心思地苦心测量计算，只要静下心来去聆听自己灵魂中最初的声音就会找到答案，准确而且还省力。

1. 去做你所爱的工作

一个人一生幸福，根据个人的情况不同，可以得出很多种结论，但最基本不外乎找到自己真正热爱的工作、事业，并且能在其之上获取生存资料。没有目标的话，我们可以去寻找，在选择之中确立目标；有目标的话，就更应该努力地向它靠拢、抓住你所向往的目标；一旦自己对已选的方向产生怀疑的，不要犹豫，亡羊补牢为时不晚，没有什么比找到一个自己喜欢做的工作要幸运的了。每个人必然都要投入到工作中去，它不但是谋生的工具，更是实现一个人社会价值、自我价值的一种途径。

有一份自己喜欢的工作所带给人的欣慰，完全可以和有一个自己喜欢的人带来的幸福所媲美。这大概是世界上最美好的两件事了。

我们每个人都会得到一份关于职业生涯的考卷。所得的分数怎样还要看你与你的工作是否有默契。如果每天都是愁眉苦脸地去上班，不管有多高的天赋都会湮灭于此而换得此生碌碌无为。

Maggie 毕业于名牌大学法律系。毕业后，找到了一个在业内非常知名的律师事务所工作。开始的时候，Maggie 只是给前辈们做一做琐碎的零活，跑跑腿，整理整理文件。这些工作对于 Maggie 相对比较安分、内向、有耐性的性格来说非常适合不过。Maggie 不止一次地为自己的工作庆幸过，暗下决心一定要好好学习，争取在律师界创出一片天地。可是后来，领导让她独立接一些案子，Maggie 就觉得有点应付不来了。其中最大的一个原因是：虽然是学法律专业的，可她的语言表达能力并不好。学校中学的大多是理论方面的知识，应付考试还好，一旦真枪实战地投入到实

第一章 态度决定一切

践中，就显出明显的不足。当初的对于工作的喜悦早已不见踪影，而且工作期间由于逐渐显露出来的缺点，领导和委托人对Maggie的表现都失望至极，这使她的自信心受到极大打击。头一次对自己对律师这一行业的初衷产生了怀疑：也许我并不适合做这个工作，也并不是发自内心地立志排除万难地想坚持做这个工作。虽然后来，工作上的情况有了好转，但Maggie还是决心换一个工作，因为发现自己真的不喜欢这一行，每天工作都不是怀着愉快的心情去做的。家人朋友都劝她，事务所的领导也一心挽留表示Maggie经过锻炼一段时间之后还是会有很好的发展的。但是Maggie真的决心已定，自己的职业生涯刚刚开始，一定要找一个自己真正喜欢的工作。

虽然Maggie是学法律的，但是她从小就很赋有艺术细胞。在中学时代就酷爱美术并且她的画还获过奖。因为美术可以让她用笔去表达，而不是用口，这更符合她不善于语言表达的性格。最后排除万难，她跳槽了，当然她跳槽之前也做了很多准备工作，比如去学了CAD、PS及其他一些她觉得必须有所掌握的东西。在另一位朋友的介绍下，她进了一家广告公司，现在她已经升任制作部经理，并且还是公司的股东之一。感觉到工作带给他喜悦的那一刻，她有了一种脱胎换骨的感觉。

与其让自己硬着头皮去做一个不喜欢的工作，哪怕它给你带来了地位、荣誉、金钱，还不如满足自己的愿望去做自己喜欢的工作，不管它能为你带来什么，起码毫无疑问地为你带来了快乐。而且，做自己所爱的事必然会让一个人倾尽他所有的智慧和热情，必然能够在工作中取得最大的成绩。

所以为什么不去寻找你所热爱的工作呢？有时候一份你热爱的工作会为你带来自信、魅力，当然还有财富（精神上的和物质上的）。

2. 去爱你所做的工作

如果你并不能特别明确自己做钟爱的到底是什么，而且如若你现在已

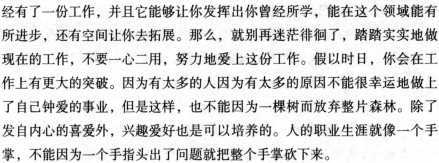

经有了一份工作，并且它能够让你发挥出你曾经所学，能在这个领域能有所进步，还有空间让你去拓展。那么，就别再迷茫徘徊了，踏踏实实地做现在的工作，不要一心二用，努力地爱上这份工作。假以时日，你会在工作上有更大的突破。因为有太多的人因为有太多的原因不能很幸运地做上了自己钟爱的事业，但是这样，也不能因为一棵树而放弃整片森林。除了发自内心的喜爱外，兴趣爱好也是可以培养的。人的职业生涯就像一个手掌，不能因为一个手指头出了问题就把整个手掌砍下来。

美国著名心理学博士艾尔森曾对世界 100 名各领域的杰出人士问卷调查。结果让人十分震惊，其中 61% 的成功人士承认：他们目前所从事的、并且已经有所成就的职业，并非他们内心真正最喜欢的，连最理想的标准都达不到。虽然没有从事自己热爱的职业，但并不妨碍这 61% 的人，都成为了有成就的人。这是为什么？因为这 61% 的人中有 100% 的人都让自己变得深深地爱上了自己目前所从事的职业。这就是原因，成功的原因。想得到成功，就必然要让自己爱上自己所做的，哪怕是后天培养的感情。

这是一个鞋匠的故事，或许能让我们学到些什么。

曾经有一个鞋匠，他从事擦鞋工作已经多年，但是他一直非常热爱自己的工作。他说他一直过着幸福的生活，而且为拥有当地最好的擦鞋水平而感到自豪。其他的人很奇怪，就问他："我们看着都觉得你很辛苦，你怎么还会一直喜欢你的工作呢？何况，擦鞋这项工作也不是什么体面的好工作吧？"

鞋匠的解释让人敬佩和值得引起深思，他说："我擦完鞋之后，看到每个人都能够穿着一双光鲜的鞋上路，这是多么让人自豪的一件事呀！既然我选择干了这一行，那我就要让自己成为一个最幸福的擦鞋匠！"

连擦鞋也可以有这样的自豪。

可见，案例中的主人公虽然是一个擦鞋的，但并不妨碍他成为了一个幸福的人，并不妨碍他在他的工作中得到了满足，并且为他人提供了方便

的服务，实现了自己的社会价值。

就是因为他在做工作之前，让自己先爱上了自己的职业。可有的人却不是这样，对自己的理想模糊，又不肯脚踏实地地做自己的工作，到头来只能一事无成、两手空空。

> 林涵自毕业起进入职场已经有 6 年之久了。所工作过的公司大大小小也不下 10 个了。最短的只呆了一周。可每次跳槽之后都会觉得新进入的单位并不比原来的那个好。美其名曰要找一个真正能够实现自己理想的工作。但其实他自己也不知道自己真正想要的是什么！所以，就不停地跳来跳去。不过，他最近又要换工作了。原因是觉得公司给自己提供的展示机会太少，再呆 10 年也不会出人头地。结果在新公司呆了几天，发现还是和以前的情况相同。可这次自己的心真是累了，看看自己身边的人。这么多年下来，和自己同一时间毕业的同学，大部分都已经找到了自己满意的工作岗位，日子过得有滋有味。马上进入而立之年的林涵深深地陷入了苦思之中：为什么我就是找不到一个合适的工作呢？

案例中的林涵找不到一个理想的工作是必然的，每换一个工作他都只是用自己的第一感觉去判断工作好不好、适合不适合发展。考虑的都是客观的，却始终不深究一下自己的问题。总是不能踏实地工作、不能把心整个地放到工作中去，你不去试着爱上自己的工作，机遇、发展、功成名就又怎么能会看上你呢！

不管是做你所爱的"爱"、还是爱你所做的"爱"，都是人与事业的连接口。其实它更像一座独木桥，没有分叉口，坚持住过去了就成功了；中间退缩了，就得原路返回，一切再重新再来。

在教育界这个职场中，这两条原则同样适用。尤其是对刚刚进入校门的年轻教师来说，想要在教育界做出一番成绩，能够有天上升为一名优秀的骨干教师，首先就要用心去想：教师这份职业是不是我所爱的；今天我踏入了学校这个大门，是不是能够全身心地投入到工作中去，爱上我的工

如何成为骨干教师

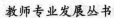
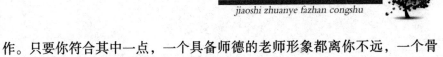

作。只要你符合其中一点，一个具备师德的老师形象都离你不远，一个骨干教师的称谓都离你不远了。

这个原则是一名教师，尤其是一名骨干教师一定要理顺的。而且，由于教师职业的特殊性，除了明了心中所想，还要坚定自己的信念，时刻谨记"坚持"这个词。

教师这个职业在日复一日的具体工作实施中也并不是万事都从师愿的一个工作。事实上其中的难度系数还是颇高的。一名教师的日常工作中，有太多的问题在等着你：领导对你工作的审阅，同事之间关系的处理，家长的强烈寄托外加时不时的不配合，还有就是孩子们的"天真无邪"对工作带来的难度，最让人寒心的还是：一直爱护、培养着的同学潜意识里就把老师当成了自己的"天敌"。谁又能对着不怎么"顺心"的工作而保持长久的热情呢？有时也难免对工作的选择上产生质疑。骨干教师是平凡的，也是伟大的，正是这种对工作长久的热情就是一个骨干教师的伟大之处。

第一章　态度决定一切

莫让浮名遮眼

名利得失，自古以来就是人们关注的焦点所在。谁都想名传千古、为人而敬仰；谁都想去金字塔的最顶端去站上一站，供人膜拜。而且，这世间人与人的关系是如此复杂，各种各样的诱惑又像是关卡一样埋伏在你前进的道路之上。名利得失只在一瞬之间，谁能把握好良知和名利之间这个度呢？它就像一个天平，两头各站着一类人群：有的人默默无闻地在自己的工作岗位上像老黄牛一样耕耘着，视名利淡如水，看事业重如山；而有的人，功名利禄看得重，得到了，得意洋洋，得不到，便心灰意冷，其中也不乏为了名利甚至不择手段之人，在踩着别人向上攀登的同时也不可幸免地成了别人的垫脚石，让人鄙视。

20 世纪初，法国巴黎举行过一次十分有趣的小提琴演奏会。这个滑稽可笑的演奏会，是对追求名声的人的莫大讽刺。

巴黎有一个水平不高的小提琴演奏家准备开独奏会，为了出名，他想了一个主意，请乔治·艾涅斯库为他伴奏。

乔治·艾涅斯库是罗马尼亚著名作曲家、小提琴家、指挥家、钢琴家——被人们誉为"音乐大师"。大师经不住他的哀求，终于答应了他的要求。并且还请了一位著名钢琴家临时帮忙在台上翻谱。小提琴演奏会如期在音乐厅举行。

可是，第二天巴黎有家报纸用了地道的法兰西式的俏皮口气

写道："昨天晚上进行了一场十分有趣的音乐会，那个应该拉小提琴的人不知道为什么在弹钢琴；那个应该弹钢琴的人却在翻谱子；那个顶多只能翻谱子的人却在拉小提琴！"

这个故事告诉世人，一味追求名声的人，想让人家看到他的长处，结果人家却暴露了自己的短处。

学校在这花花世界中可以称得上是一方净土了。孩子们的天真、善良，都为一个个名利场做着最彻底的洗刷。而工作于这个梦工厂世界中的大人们就更要摈弃身上的功利味道，为孩子们心灵的健康成长构造最佳的培养皿。所以说，功名利禄在教师这个职业中是最应该坚决予以杜绝的，骨干教师更应该严格要求自己，不但时刻塑造自己的品行，更要给其他教师起到模范带头作用。骨干就好比一棵大树的主干，主干如果歪斜横倒的话，那么这棵树是不会茁壮成长的。

所以，倘若"成名"、"求名"已成为一名教师教学生涯的最高标准，眼中再无其他。那么，终有一天，会为"名"、"利"所累，还会失去身为一名教师最重要的德行。

当然，视名利如粪土固然是对的，但不代表做事甘于平庸、不积极进取。因此，我们教师应该把名利心与事业心严格区分开来。

正确对待两者的区别对于骨干教师队伍建设有着十分重要的意义。

事业心是教师从事教育工作的强大推动力，它表现为教师为了学生的发展，不计个人得失，处于忘我的工作境界。名利心是教师把自身名利作为从事教育工作的追求。它表现为教师的教育动机、教育情感和教育行为被名利所左右。所以，一个骨干教师正确的教育动机应该是强烈的事业心，而不是名利心。

事业心强的教师和名利心强的教师最大的区别在于：在教育过程中的出发点和着力点不同。这给他们的教育效果和自身发展带来截然不同的影响。二者的区别有如下几点：

1. 事业心强的教师关爱每一个学生，尤其是学生中的弱势群体；名利心强的教师难以公正地对待每一个学生，他喜欢那些给自己带来名利的学生，不喜欢甚至讨厌那些不能给他带来名利甚至破坏他的名利的学生。

2. 事业心强的教师关注教育实效，以学生的发展为教师的根本追求。名利心强的教师在教育实践中好搞形式主义，他们更多地关注形式，而不是脚踏实地地追求实效，他们的一切努力主观上不是为了学生的健康发展，而是自己的名利，尽管这也常常造成学生发展的事实，但当学生的利益与自己的利益发生冲突的时候，他会毫不犹豫地维护自己的利益，放弃甚至侵犯学生的利益。

3. 事业心强的教师不去刻意追求轰动效应，不急功近利，能遵循教育和学生身心发展的客观规律，追求学生的可持续发展；名利心强的教师往往追求教育的近期成效，一种急功近利的心态使得他们常常出现揠苗助长的行为，学生的后续发展乏力，只知道灌输学生知识，不关注学生的全面发展。

4. 事业心强的教师大多有对教育工作的直接兴趣，忙于教育活动本身；名利心强的教师则怀着对教育工作的间接兴趣，通常忙于教育活动之外，如与学校管理者和学生家长结成过分密切的关系，争抢出头露脸、自我宣传的机会等。

5. 事业心强的教师往往拥有良好的同事关系，有良好的心态，能宽容待人，在教师中口碑甚佳；名利心强的教师容易忌妒同行，心态不够好，喜欢勾心斗角，好胜心强，见名利就要，同事关系紧张。

6. 事业心强的教师无疑会赢得绝大多数学生的喜爱，最终也会赢得学校领导和学生家长的好评；名利心强的教师也许会得到一些领导和家长的赞许，但必然会招致大多数学生的不满和怨恨。

7. 事业心强的教师会从教育过程中体验到更多的乐趣，追求精神上的快乐；名利心太强会给教师的身心健康造成危害，因为人的许多烦恼和挫折来自于对名利的过分追求。

在当今物欲横流的社会有许多因素很容易诱发教师的名利心，但教师的神圣职责却要求我们教师必须是一个有着强烈事业心的人。因为我们教师选择了教育，是教育工作者，就得必须甘心清贫和奉献，这是教师的职业性质决定的。正如卢梭说："有些职业是这样的高尚，以致于一个人如果是为了金钱而从事这些职业的话，就不能不说他不配从事这些职业……教师所从事的，就是这样的职业。"

在面对名利诱惑的时候，教师自己的人格修养和职业道德对教师能够做出正确选择发挥了重要作用。所以平时教师要格外注意培养人格和职业的修养。这也是一个骨干教师应具备的一项基本素质。可以从以下几点着手：

1. 树立积极正确的职业观

教师从事教育工作不仅仅是为了满足自身生活的基本需要，更是为了自我价值实现的需要。只有那些具有高尚精神境界的骨干教师，才有可能把教育工作提升到更高的水平。如果说一个教师开始几年的教育效果主要取决于他的知识和技能的话，那么教师的毕生发展则源自于他的人格力量的支撑。

2. 养成正确的对待名利的态度

名利本当是对教师所取得工作业绩的自然奖赏，它绝对不应成为教师从事教育活动的出发点和落脚点。对名利的过分追求，常常是在自寻烦恼，因为成绩可以自己干出来，而名利在现实生活中通常受到多种因素的制约。要成为一名骨干教师就要对名利应当保持一颗平常心，来之可喜，去之不忧。实际上，就一个较长的时期来说，社会对于个体付出的回报基本上是公正的，许多杰出骨干教师的成长历程已有证明。只要你付出了，不追求名利反而带来更多的名利；而刻意于名利的计较，则常常近视了人的眼光，浮躁了人的心态，使人常有欲望受阻、渴求遭挫之感，或者捡了芝麻，丢了西瓜。

3. 潜心感受教育工作的内在乐趣

善于体验教育工作的内在乐趣，是教师基本的心理技能。教师对教育过程之外的名利的过分追求，大多缘于他们难以从教育过程本身获得乐趣，得不到自我肯定、自我赞赏、自我满足和自我激励。其实，教育活动本身充满了乐趣，孕育着多重收获，是教师愉悦心境的不竭刺激源。当我们陶醉其中的时候，必定会淡化对名利的关注，甚至不惜名利的受损。在"十年动乱"期间，许多优秀教师，因为对教育事业和学生的挚爱，甘愿

冒着被迫害的危险，在教坛上辛勤耕耘，就是一个极好的例证。

4. 不断提高自己的精神境界

精神境界并不空洞，它渗透在人们的一言一行之中。精神境界不高的人，低层次需要占优势，即使这些需要已经得到了较好的满足，需要层次仍然得不到提升，趋迎时髦，丧失自我，为世俗的评价标准所导向。在一个物欲横流的时代，这种人必定唯名利是求。精神境界高的人，低层次需要基本满足后，高层次需要便占优势，他们有自己的价值追求、奋斗目标和评价标准，在社会时尚面前不丧失自己的独立性，这种人既能有所作为，又不为名利所累。提高精神境界是一个长期的无止境的过程，也难以设计一些操作性很强的练习。对广大教师而言，多交几个精神境界高的朋友、多读几本好书不失为切实可行的提高精神境界的方法。

总之，想把自己培养成一名骨干教师，应该具有强烈地事业心、责任心，去掉功利心和名利心，以正确的心态迎接新的挑战，要时刻铭记教师是培养人的职业，要为教育作出自己的最大贡献。

如何成为骨干教师

品格就是力量

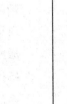

微软副总裁李开复博士曾说过："人品排在人才所有素质的第一，超过了智慧、创新、情商等。"

所以，天才是超群智慧的硕果，品格是高尚灵魂的结晶。

拥有高尚品格的人在情况需要时所爆发出来的力量和所起到的影响是不可估量的。所发出的光芒是用再多的钱、再重的权都遮挡不住的。坚实的品格一个人成长的最强大的助推力，是影响别人的最响亮的呼声号角，是人性的最高形式的体现，它能最大限度地展现出人的价值。

当阿波特博士，也就是后来的坎特伯雷大主教，在总结他死去的朋友托马斯·沙克维尔的品格时，他没有强调他作为一个政治家的优点，也没有强调他作为一位诗人的天才，而是着力渲染了他在日常生活中所表现出来的尽心尽责。

"他身上有如此多的可贵的东西，"阿波特博士说，"有谁像他这样如此深爱自己的妻子？有谁像他这样对自己的子女如此慈爱？有谁像他这样对朋友如此忠实？有谁像他这样对自己的仇敌如此温和？有谁像他这样对自己的承诺如此守信？"

实际上，我们可以通过一个人对他最亲近的人的行为方式，通过他在平凡的生活中最平凡的细节和责任心，来更深入地了解和欣赏他的真正品

第一章 态度决定一切

格的优良之所在，这种认识比通过他作为一位作家、一位雄辩家或一位政治家向公众所展现出来的要深刻得多。

品格所显现的作用决定了骨干教师必须具备高尚的品格。因为他们就像一缕阳光，学生们都在时刻沐浴着这缕阳光，只有阳光才能让灵魂得到唤醒。骨干教师在这种唤醒中发挥着重要的作用，是最直观的最有教益的模范。因为：

一、学生具有强烈的"向师性"

学生具有强烈的"向师性"，教师是学生最直接的榜样，学生在观察教师时常常产生一种"放大效应"：教师的一点善举，会使他们产生无比的崇敬；教师的一点瑕疵，会使他们感到莫大的失望。教师的行为潜移默化地影响着学生，影响着他们的处世态度和人生观。所以，一位教师的音容笑貌、举手投足，甚至衣着发式无形中都可能成为学生学习仿效的楷模。

二、教师是学生成长中的重要他人

无论教师是否被学生喜欢，他留给学生的印象在学生的脑海中都显得很突出。每个教师都有所不同，如教师准备教案和课堂教学的方式；教师排遣失望、错误和耻辱的方式；教师是否有幽默感，教师是否宽恕和既往不咎，教师是否对待学生公平，教师是否诚实以待；教师是否有耐心；教师开的那些愚蠢的玩笑、教师的癖好、教师习惯的手势等都在学生敏锐的知觉内，并被学生津津乐道。学生们"目睹"了教师的生活，由此学着老师的样子与他人相处，在社会中做出正确的行为。在这样的过程中，孩子对道德准则逐渐形成认同感，这种学习是通过牢记他们的所见所闻而得到激励的。学生是目击者，是一个时刻关注教师道德行为的目击者。可以这样说，与学生最亲近的教师是最重要的道德教育者，是学生成长中不可忽视的人。

所以，作为正在努力一心想成长为骨干教师的普通教师来说，也不用把眼光和精力只放在重要的事件上，一些细小的事，例如为学生做好卫生

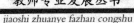
环境，精心地去批改学生们的作业，完成一个课外时间的家访，这些都是骨干教师品格的具体实际体现。不管是在怎样普通的工作环境中，只要尽心尽责地为学生、为同事、为家长、为学校着想，他最高尚的品格也就在这种持久的尽心尽责中表现出来了。这与资历没关系，与关系背景没关系，也和自身文化底蕴没关系。高尚的品格是需要自身心灵深处不断的呼唤。它不是知识，但是比知识更重要，更能影响、改变一个人的人生。"少量的好品行抵得上一大堆学问。"乔治·赫伯特说。

这并不是说要轻视知识和学问，而是说知识、学问应该和善行结合。所以说，判断一名教师是不是一名骨干教师，对他的学识多少的考察只是一部分，更重要的是要看他具备不具备一名骨干教师所必须具备的品格。

品格就是力量，从一种更高意义上说，它与"知识就是力量"这句话同样确切。这种力量可以让你从内而外坚强起来，从根本上弥补身上其他的弱点，在关键时刻发出令人震撼的威力。

一个打扮成武士模样的茶匠，被一个相貌猥琐的浪人拦住比武。茶匠自知不是其对手，但又不愿就这样死去。于是，便到一个教习剑道的道场，请求剑匠教他几招，好让他有一个体面庄严的死法。

剑匠答应了，但条件是让茶匠为他表演一次茶道。茶匠心想这可能是一生里最后一次泡茶，便一口答应。他全神贯注地泡茶，似乎忘了即将来临的死神，就好像泡茶是全世界惟一重要的事。

茶匠泡茶时那清朗、无念、庄严、绝俗的表情令剑匠深受感动，他感叹地说："你可以不必学习剑法了，你泡茶的心境，无论与任何武士决战都能取胜呀！当你去赴浪人之约时，首先就像茶道的准备工作，先郑重地向他问候，并道歉自己来晚了。告诉他你已做好一决胜负的准备。然后脱下外褂，小心折叠好，再把扇子放在上面。系上缠头，围上腰带，把裤裙的口子打开。最后

抽出长剑高举过头，摆好将对手砍倒的姿势，闭上眼睛，一听到喝声，就举剑向他劈去。这整个过程，要非常专注，就像你方才泡茶的样子。"

茶匠道谢之后，便奔向与浪人约定的地方，好像去为朋友泡茶，一点恐惧也没有。他按剑匠的忠告一一做了。当他最后举刀而立时，那浪人仿佛看到一个完全不同的茶匠：无畏、无我、无念。浪人连喝声都叫不出来，对立了一分钟，浪人扔下长刀，跪在地上求饶。茶匠原谅了他，浪人连滚带爬地逃走了。

很多时候，高尚的品格都可以帮助你击败许多前进步伐中的厄运。对于人的生命而言，要存活，只要拥有粮食和水，就足以维护生命。但如果既想活下去又想活得精彩，就必须要有那么一点高贵的品格了。那品格便是一柄正直的钢刀，会帮你在前进的路上驱魔除妖。

在教育之路上，高尚的品格同样是你走向优秀、成为骨干、取得成功的必备要素。

不以有色的眼光看学生

世间最难做到的事就是永远做到以一颗公正的心、清亮的眼来看待任何人、任何事。一件事、一个人容易；件件事、所有人就难了。

可偏偏社会上的某些角色就是要用公正、公平的原则行事的来做事的。教师就是这样一种社会角色。真正对每一个学生做到公正、公平是对教师的一种考验。因为就算是父母在对待自己的亲生儿女时都会出现一碗水端不平的事。可是，这就是作为教师所要必备的一种师德。所以说，培养公正、公平的心态也就成了修炼成为骨干教师的一门必修课。也就是所谓的"不用有色的眼光看学生"。

教师会把持不住去区别对待学生们可以说很大方面是因为学生的分数。分数之所以重要是因为它是学习状况好坏的最直接体现，也是学校考察教师工作成绩的重要参考资料。所以，一直以来，"分数"问题都是教师们的死穴。对学生之间态度上的偏颇也正是由于分数的差异而导致。

分数之所以成为教师评判学生的标准是有原因的。

"得天下英才而教之"，这可能是大多数教师的美好愿望，教师荣誉的体现大多是来自学生的荣耀。所以，哪个教师也不愿意摊上"坏学生"。

在教育行业中，学生与教师之间的各种关系正是是这种愿望的相互博弈的写照与体现。当学生学习成绩好了，大家皆大欢喜，老师的教与学生的学都是好的；但学生学习成绩差了、分数低了，就必须追问究竟是学生学得不好，还是教师教得不好了。正如常言所说：幸福都是一样的，但不

幸却有万千种。在这种情况下，挑选好学生自然成为教师的向往；对不好的学生自然归因于学生学得不好，最能推脱责任的，是认为学生智商低，这样一来，于教于学就都没有责任。

也不愿老师只愿意喜欢好学生，因为教"好学生"是有很多好处。孔子"弟子三千，贤人七十二"，才不愧为教育的祖师爷，成就感、荣誉感都会接踵而来。学校领导夸你教得好、学生家长也对你赞不绝口，放心地把孩子放在你的班上。这种打心底的信任是任何人都不想拒绝的。在面对学生时，也会自然而然地产生就如面对天天向上的花骨朵一样的心情。既然有如此多的好处，教师喜欢教"好学生"也就不足为奇了。

但是，难道"好学生"就是从天而降的吗？那么我们在还不如去教大人，教好了他们，他们自然而然就会生出好学生了。显然这是不可能的。"好学生"与"坏学生"不同样是在一无所知、牙牙学语中开始的？再者说，分数的高低就是划分好与坏的唯一标准了？

训斥、冷漠"问题学生"，不如思考怎样才能让他们有所提高。骨干教师不在于把好学生教得更好了，而更大地体现于如何把"坏学生"改造成好学生。后者的成就感就让你更能领略到身为一名教师的伟大和博爱，更能体会到跻身于骨干教师行列的荣耀。

其实靠父母遗传而来的聪明智慧，毕竟是少数的。我们更应该把"好学生"的定义范围拓展得更远一点、更广一点。可参考的因素不仅仅是智商的高低，还能延伸至交际能力、领导能力、品格礼貌等。这些都是不可能通过遗传得来的，而是大部分通过老师的教导后天所得的。真正优秀的学生，绝大多数是后天学来的。骨干教师之所以称之为"骨干"就是因为在他们眼中，有太多"聪明的学生"却并不是"好学生"，而且往往越"坏"的学生越"聪明"。所以，作为被学生万分敬仰的老师们，学生们对您的爱是无私的，所以，也千万别因为孩子们的分数、自己的性格喜好来评判学生的"好"与"坏"。不要让一时进驻头脑的印象从此概念化，让"坏学生""永无翻身之日"。不单单是教师，其实学生也在变化，甚至更加快速地变化。在面对"坏学生"投来的转变的"橄榄枝"时，我们教师要最大化地接受，并给予支持。这样才能称之为真正的"师者"。

又是一个星期一的早晨，吃完早饭后照例是庄严的升旗仪式。体育委员整完队，看到全班同学穿着整洁的校服，队伍排得整整齐齐，李老师不禁露出了满意的微笑。这是，却看见张永朝前面梁晨的腿上拍了拍，梁晨扭过身子轻声嘀咕了几句。一贯爱调皮捣蛋的张永在级部可是出了名的调皮捣蛋，准是老毛病又犯了。"真是的，调皮也不看时候。"李老师心里暗暗嘀咕着。皱起眉头看了看他们，两人赶紧立正了。

升旗手介绍了，孩子们用美慕的眼神看着高年级的大哥哥大姐姐神气地站在升旗台前，听得特别专心。班主任们也挨个儿审视着自己学生们的表情，笑眯眯地向他们点点头。这时，李老师再一次看见张永往梁晨的腿上拍了拍，梁晨又扭过身子看了看。看见老师用责备的目光望着他们，他俩立即又立正了。

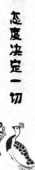

升旗仪式结束了，体育委员带队回教室，只见张永一边走一边又向前面梁晨的腿上拍几下。这下，李老师可有点火了，三步并作两步走过去，一把抓住了张永：

"你到底怎么回事？"

张永红着脸，低着头，不吭声。

"调皮捣蛋也不看看是啥时候，就是改不了！"

"一会到我办公室去！"

来到办公室，看到老师生气的样子，张永怯生生地解释说："老师，刚才下楼的时候我不小心踢了梁晨的裤子，踢上土了，我想给他拍打下来。请您别生气了。"

啊，李老师这时恍然大悟！原来他是在帮同学拍打尘土呀！非常追悔莫及，一脸的惭愧。作为一个工作多年的班主任，竟还会犯如此低级的错误，真是太不应该了。虽然当时马上向他道歉了，但每每想起这件事李老师都会感到非常惭愧。

要知道，孩子们并不是一成不变的。应当相信他们，每个孩子身上都有闪光的一面，可我们常常忽略了这最重要的一点。这件事情的原委，归根结底，就是因为老师给自己戴了一副有色的眼镜去看学生，蒙蔽了自己，也伤害了学生。作为孩子们的老师，同时也作为他们的益友，最重要的是要用发展的眼光看学生。千万不能把孩子们看"扁"了，千万不要因为学生的一次犯错误或经常犯错误而永远把他界定在"坏学生"的行列中，往日所谓的"坏学生"也许在我们不经意中悄悄地改变着，或许今天他已变得非常优秀。

目前，教师公正、公平地对待每一个学生已经是教学中的核心内容，是一条至关重要的骨干教师职业道德范畴。我们可以从骨干教师的公正原则中学到以下几点：

一、树立正确的师生观

首先要真正尊重和信赖学生。人与人之间是平等的，这种平等的一个突出表现，就是人人都应该受到别人的尊重。学生也是独立的个体，他们也是有尊严的，也应该受到别人的尊重，特别是来自于教师与家长的尊重。对学生来说，教师是关系最大的人之一，教师对学生的态度，有着举足轻重的作用，因此教师要抛开学生的个体个性来平等、公正地对待所有学生，尊重他们每个人。

二、爱无差等，一视同仁

所谓爱无差等，一视同仁，指的主要是教师不能以自己的私利和好恶作标准处理师生关系，应当给所有的学生提供平等的学习机会。由于人的审美倾向不同，往往容易形成不同的偏好。教师也不例外，当他面对一批又一批学生时，很可能对某位学生产生好感，而对另一位学生产生厌恶之情。虽然，这种现象完全可以理解，但对教师来说如果任其发展，也许会预示着危险。

教师对每一个学生一视同仁，就要像一座天平，不偏不移。不能因为某个学生成绩好或听话，就对他在其他方面的缺点放松乃至偏袒；也不能因为某个学生成绩差，或比较调皮，就对他在其他方面的优点不以为然，乃至故意抹煞。如果那样做，学生就会感到班主任厚此薄彼，处理不公

正，这不仅影响教师的威信，也难以建立亲密的师生关系。例如班有一名女生，大家都认为是好学生，学习成绩优秀，工作能力特强，可有几次在早晨打扫卫生时，拖拖拉拉，马马虎虎，别的同学已完成了，她还在一边玩。对于这件事如果老师并没有因为她是优秀学生而对她放松要求，而是和其他学生一样同等对待，学生会觉得老师对她的处理很满意。他们感到老师是公正的。

三、实事求是，赏罚分明

学生是从周围成人的反应——肯定或否定、奖励或惩罚、赞许或批评中，逐步形成道德认识的。因此，教师应该认真对待学生的每个行为，作出公正的评价。一方面要根据学生的实际因材施教，另一方面在制度上又不能允许有特殊学生存在。正确的做法，应是对事不对人。一个人犯错误，不管他是成绩优秀的还是较差的，该批评的都要批评；一个人做了好事，不管他平时是调皮的还是听话的，该表扬的都要表扬，一视同仁，不带偏见。班级里出现了一件不留名的好事，或是一件无人承认的坏事，教师应实事求是地调查，而不应带有框框，以为好事总是他心目中的好学生做的，坏事总是他心目中的差生做的。那样弄不好就会冤枉好人，伤害学生的自尊心。

四、长善救失，因材施教

公正地对待每一个学生，还表现在给每一个学生以同样的发展机会，长善救失，因材施教。有些学生不善于发言，教师不能因此就不让他发言，相反，应鼓励他多发言，多锻炼表达能力，并加以耐心指导，帮他树立信心。请看这样一个例子：某班的王悦平时不善言辞，更别说是上课发言了。开学初的时候，她妈妈专程来学校告诉老师她女儿很内向，平时在家和父母亲也不大讲话，希望老师在学校能多引导她，上课能多让她发言。了解情况后，平时这位老师有事没事地和她说说话，也常常找她谈心，希望她平时能多和同学在一起说说话，聊聊天。上课也尽可能地叫她发言。开始她站起来时满脸通红，半天也说不上一句话来，有时勉强回答

第一章 态度决定一切

也是结结巴巴。但是老师并没有因此而放弃，只要她有一点点进步，就鼓励她，希望她努力。后来在老师的鼓励和她自己的努力下，她的胆子慢慢变大了，上课能主动举手发言，平时遇到难题也能主动问老师或同学。经过一学期的努力她的学习成绩有了明显提高，毕业考试时她所有的成绩达到了优秀。有些学生学习成绩差，但肯为同学服务，或爱好体育活动，教师不能因为他成绩差就剥夺他参加体育活动的权利。相反，要让他的长处和别人的长处得到同样的发展机会，并引导他把这方面的积极性迁移到学习上来。

五、面向全体，点面结合

面向全体，点面结合，就是要教师在个别教学和集体教育中做到教育公正。学生是有差异性的，后进的学生，教师适当的补课和一些特别的关照是应该的，这是为了他们的进步，特别聪慧的优秀生，给他们创造提高的条件，适度的"开小灶"也是可行的，这是因为只有因人制宜才能更好地促进每个学生的发展，这是爱无差等的实质上的公正。

一个骨干教师的魅力，绝不仅仅来自渊博的知识，还来自于客观公正对待每一个学生的态度。公正对于教师有特殊意义，它可以告诉学生是与非，它可以引导学生走向高尚而远离卑鄙。教师应当记住，自己的全部使命可以概括为两句话，即为了一切学生（面向全体学生），为了学生的一切（让学生全面发展）。

超越平庸追求卓越

第一章 态度决定一切

　　一个父亲给自己的两个儿子各一笔钱供随便使用。大儿子是一个谨慎略有些保守、胆小的人，从小就循规蹈矩，不爱说话，做事有条有理；二儿子则和他哥哥的性格截然相反，是一个活泼好动的搞怪分子，从不老老实实在家呆着，而是跟着他结交的朋友们成天东奔西走、走南闯北，凡事喜欢稳中有险，有层出不穷的鬼点子。两个儿子拿到钱以后，老大规规矩矩地存在了银行里，接着上他的班，和没有这回事一样。老二此时正和朋友做了笔小买卖，小有所获。有了这笔钱之后，没在身边放上一天就投到了生意里，想用这笔钱扩大生意。

　　一年之后，这位父亲叫两个儿子来到身边，问道去年给的钱，你们是怎么处理的。大儿子说："我把他们存在了银行里，一份都没有乱花，父亲要拿回去吗？拿我就把它取出来。"二儿子说："我用那笔钱扩大了生意，现在已经翻了几番。"老父亲叹了口气，语重心长地说："我呢，给你们钱不是让你们帮我存放的，而是想看看你们这笔钱到底能够做些什么，能不能把有限的资源发挥出最大的功效。可见，在这件事上，老二做得很好。钱存在银行里，虽然很保险，但是从此它在你生命中的意义也只有每年少许的利息，再别无其他。就像人的一生一样，如果永远安于现状而呆在安稳的避风港中，就永远看不见浪花卷起时的美景，也观赏不到雨过天晴后的豁然开朗。平庸不是可耻的，但它是可悲的。卓越才是我们奋斗的导航灯塔，带我们奔向更大的成功。

超越平庸，追求卓越。这是每个人应该铭记于心的，更是每个教师应该用来严于律己的。

平庸是什么？是碌碌无为，是得过且过，是不求上进，是畏首畏尾，是将美好的生命浪费在繁琐的小事上。超越平庸，就是指不能随波逐流，要全力以赴去做有意义的事，而且能够比别人做得更好。追求卓越，则是指尽一切能力，在现有的条件下创造出一种最完美的境界。

我们身边有很多资质很高的教师，本来经过一番锻炼之后必然会成为栋梁之才，但在工作中却没有发扬出本身的优点，环境稍有松懈就形成了工作不严谨、细节上马虎大意的作风，更是对教学工作敷衍了事。每天忙于自己的琐碎之事，结果导致教学成果平平，随之不问原因地继而灰心丧志，还自认为地位卑微，别人所有的成就都不属于自己，都是自己不配拥有的；自认为不能和那些骨干教师相提并论，觉得别人是做大事的，自己却永远只能做个小教员，这样就情绪低落，越演越烈，成功的机会更加渺茫。

这种自卑、自贱的观念，往往成为不求上进、自甘堕落的主要原因。有了这种卑贱的心理后，当然就不会有精益求精的态度了。许多年轻教师，本来可以做大事，成大器，但实际上却过着平庸的生活，原因就是他们妄自菲薄，自暴自弃，没有远大的理想，不具备坚定的进取心，不愿意追求卓越。所以，骨干教师在超越平庸上首先要建立一种自信心。一个自我评价很低的教师很难做成一件卓越的大事，因为他的自我期望值往往束缚了他的行动。如果你认为自己的天赋不如别人，认为自己不能取得别人那样的成就是因为别人处于有利的境地，那么你就不会锲而不舍地攻克前进路上的艰难险阻，也就无法成为你所渴望成为的人。

在学校里，也有很多教师认为要做到"卓越"哪是那么容易的事情。

自己已经做得足够好了，再没有发挥的余地了。事实真的是这样吗？你真的已经做得尽善尽美了吗？你真的已经发挥出了自己最大的潜能吗？

加拿大一位病态心理学家汉斯·塞耶尔在《梦中的发现》一书里，作出了一个极其惊人也极其迷人的估计：人的大脑所能包容智力的能量，犹如原子核的物理能量一样巨大。从理论上说，人的创造潜力是无限的，是不可穷尽的。被尊为"控制论之父"的维纳也完全有把握地认为：每一个人，即使他已经创造了辉煌的业绩，但他所利用的大脑潜能，还不到自己潜能的百分之一。他还认为：人的大脑原则上能储存大量的信息，每一个人的大脑，能记忆世界上最大的图书馆所储存的全部信息。

所以说，人的才能远远超乎我们自己的想像，不要认为你的智慧和力气都已经用完了，一切到此为止的想法。而是在做每一件事的时候，都应抱着一定要做成的决心，抱着追求尽善尽美的态度，充分开发我们的潜能，不到最后一刻绝不罢休的态度奋斗到最后。多数人的失败不是因为他们无能，而是因为他的心志不专一。本身就甘于平庸的心理。无论做什么事，如果只做到"尚可"就满足了，或者做到半途便停止了，大脑中根本就没有"卓越"的概念。那么他绝对不会取得成功的。同理，很多教师之所以是普通教师，一辈子浑浑噩噩，碌碌无为，关键并不在于他们没有才能，没有机会，而是他们没有把自己的无限潜能开发出来。

为了能够超越平庸，赶超卓越，我们教师需要做好哪几项基础呢？

一、塑造积极心态，享受教育工作

教师总有过多琐碎的问题需要处理。在压力之下难免心情总是处于抑郁之中，于是埋怨就多了，事做得就少了。而一个人的心态是否积极健康，对他的学习、工作、生活将会产生深远的影响。作为教师，特别是骨干教师，积极健康的心态就是去享受教育，而不是一味地去从教育孩子身上获得什么。像对待自己的孩子一样对待学生，不管他有没有背景，出身富贵或贫贱；像对待自己的亲人一样对待同事，真诚相对，友好相处；像对待父母一样对待领导，顾全大局，少说多做。教育、辅导学生，不是评职称、评先进的砝码。不拿学生撒气、开心，把教育作为一种幸福的生

活，每天陪伴颗颗童心一同体验生活的丰富多彩。

二、注重教学细节，把握机遇

老子说过：天下难事，必做于易；天下大事，必做于细。要想成就一番事业，必须从简单的事情做起，从细微之处入手。一心渴望卓越，追求卓越，卓越却了无踪影；甘于平淡，认真做好每个细节，卓越却不期而至。这就是细节的魅力。

一名教师如果要成为骨干教师，没有什么绝招，也没有什么捷径。关键是在于"细节"两字。俗话说："台上一分钟，台下十年功"就是这个道理。教师的细节无非是日常工作中的琐事，从教材的研读到课堂教学；从评价测试到总结反馈；从发现问题到解决问题。天天面对的是烦琐而单调的事，我们不仅要把它做好，而且要做出新意。就研究怎么把事情做得更好，更有效。

三、独创新颖，形成特色

一个无任何个性特色的教师，他培养的学生也不会有任何特色。教师职业是一个循环往复的职业，是充满智慧而又要不断创造智慧的职业。在知识经济时代，从某种角度上看，老师已不再是知识的权威，而是学生的共同学习者，要成为学生的服务者。

我们可以活得平凡，但是绝对不能活得平庸。平凡是心平气和，在平平淡淡的生活中尽心尽意地去创造，尽心尽意地去付出。认认真真地追求，充实自己，完善自己，拥有一个美好的、有价值、有意义的人生。

骨干教师们，让我们好好利用上天赐予我们的能力，发挥我们全部的爱心和才华，我们的教育生涯才不会虚度。

第二章　事半功倍的教学技巧

　　我们常说：苦干不如巧干。比起蛮干来说，技巧更能够使我们在最短的时间取得最大的成效。教师的教育工作也是如此，要讲究教学有法，教无定法，贵在得法等多种教学方法。需要注意的是所谓的教学技巧不是固定不变的，就如同一个老师十年如一日地用一种方法教所有的学生一样行不通。因为社会在变，导致孩子们生活背景在变，思维方式也就跟着在变。教师当然不能试图用一把钥匙去开所有的锁。所以没有固定不变的教学模式，只有富有变化的教学技巧，才能适应教育形势发展的需要，才能符合教育创新的要求，教师才会受到学生的欢迎与肯定，最后步入骨干教师的行列。

因材施教，朽木可雕

　　"因材施教"这个概念是宋代朱熹概括出来的。孔子一生的教学实践都贯穿着这个教学原则。这一理论发展为今天的个性教育和个性教学，是一种有创意的教育方法。至今，仍然有着重要的实践意义。

　　因材施教原则是指教学要从学生的实际出发，使教学的深度、广度、进度既适合大多数学生的知识水平和接受能力，同时又照顾到所教学生的个性特点和个性差异，使每个学生都得到充分的发展。因材施教原则是实施素质教育，促进学生全面发展的最基本要求。

　　所谓"材"是对一个人的整体概括，所谓"因材施教"是在认识某人适合于成为某种之"材"的前提下，用相应的教学内容、手段和方法，促使学生向某个方向发展，以求人尽其"材"。

　　孔子在他长期的教育实践中，创立了人性差异的观念，以"性相近也，习相远也"作为理论指南，在教育实践中"教人各因其材"，教授弟子三千，其中贤人七十二，同样学习诗书礼乐、文行忠信，但程度不同，能力各异；有的"千乘之国，可使治其赋"，有的"千室之邑，百乘之家，可使为之宰"，有的"束带立于朝，可与宾客言"。

　　有一次，孔子讲完课，回到自己的书房，学生公西华给他端上一杯水。这时，子路匆匆走进来，大声向老师讨教："先生，如果我听到一种正确的主张，可以立刻去做么？"孔子看了子路

一眼，慢条斯理地说："总要问一下父亲和兄长吧，怎么能听到就去做呢？"子路刚出去，另一个学生冉有悄悄走到孔子面前，恭敬地问："先生，我要是听到正确的主张应该立刻去做么？"孔子马上回答："对，应该立刻实行。"冉有走后，公西华奇怪地问："先生，一样的问题你的回答怎么相反呢？"孔子笑了笑说："冉有性格谦逊，办事犹豫不决，所以我鼓励他行事果断。但子路逞强好胜，办事不周全，所以我就劝他遇事多听取别人意见，三思而行。"

这就是因材施教的精华之所在，不同的学生要用不同的教育方式。虽然走的路不同，但同样可以达到目的地。所以，从来就没有天生的"坏学生"，只有不懂得变通的错误的教育方法。

在我们的教学中，有的学生由于天生顽劣，不爱学习，以给老师找麻烦为己任。这种学生是老师们最不愿意应付的。所以，老师在说到这种"后进生"时，常无可奈何地以"朽木不可雕也"、"孺子不可教也"来感叹。但是，古今中外的许多名人也是从所谓的"后进生"成长起来的。所以，"朽木"并不是不可雕的。

有史可证：

清雍正年间有位赫赫有名的西征大将军年羹尧。此人年幼之时，性格顽劣，桀骜不驯，不爱读书，不服管教，甚至将其三位老师打跑。因此，不少人都互相告诫："毋为年家儿师。"这样的年羹尧可以堪称为名副其实的"朽木"了。在此情况下。年羹尧的父亲不得不张榜募师。不久，一位年逾花甲的老先生前来应募，年父以实情告曰："儿不肖，师傅去者三矣。"老先生却自信地说："固闻之。"但依然坚信用自己的方法可以把年羹尧教好，以前的师傅只是没有用对方法而已。

年羹尧拜师后，整日在花园玩耍，根本不把老师放在眼里。但是，老先生没有惩罚他，而是从旁认真观察，并对年羹尧的性格、禀赋、特长进行了三次试探性的调查。第一次，他关起门来"取胡琴弹之"，年羹尧闻琴声，突然破门而入，要求学弹胡琴，可不久就不学了；第二次，他又关

第二章 事半功倍的教学技巧

起门来吹胡笳，年羹尧又破门而入，要求学习，结果又是中途辍止；第三次，老先生"戏习拳棒"，年羹尧发现后，破门"跃入"，坚决要求学习拳棒。老先生看出了他的特点，为了进一步摸清他的武艺，便让他与仆人比试，结果年羹尧将十名健壮的仆人打翻。接着老先生又亲自与其比试。当确信年羹尧的确实有这方面的天分后，却故意不答应教他练武，年羹尧急得跪下求师。此时，老先生才提出要学武艺必得读书的要求。年羹尧学武心切，一口答应。此后，老先生便成功地教他边读书，边习武，终于使他成为文武全才的西征大将。

古代的这位老先生，不可能学过教育学和心理学，但他却深谙年轻人好玩的顽劣天性及其可塑性，坚信只要教育得法，就能促其去恶从善。这也就是现在所谓的因材施教。就像我们现在的青少年们，个性鲜明，善于发现问题，即使有这样那样的错误，但也绝非"朽木"，只要我们教师像案例中的老先生一样，了解并充分利用他们的天性，找到正确的教学方法，并且在不压制他们的个性的前提下对他们施以影响，让学生们自发地激起求知欲望，相信就终有一天变成"孺子可教"、"朽木可雕"。

教师们在进行"因材施教"的教学中，平日里应该做好哪些准备呢？

一、充分了解学生

连树叶都没有绝对相同的两片，何况是人呢？所以学生个性的差异是绝对存在的。要做到因材施教，必须充分地了解每一个学生，除了学习成绩之外，学生的个性特征的各个方面、家庭背景、生活经历等，都是教师因材施教的重要基础。因此，教师应该尽可能地通过各种途径把握每个学生的各方面的情况。

二、尊重学生的差异

学生的差异不仅是客观存在，而且是合理的。因材施教的含义不仅包括承认差异，而且包括尊重差异。在达到基本标准的前提下，教师应当允许学生存在不同方面、不同水平的差异。并且针对每一个学生的具体条件帮助他们得到最适宜的个性发展。良好教育的结构是大批个性充分发展的

人，而不是千人一面的"标准件"。

三、面向每一个学生

现代教育的一个重要观念是，每一个孩子有权利得到适合于自己的教育，教师不能以任何理由忽视任何学生。对于优等生，当然要重视，要对优等生提出更高的任务要求，让他们精益求精，继续保持强烈的求知欲。而对于后进生，要给予特别的关心，经常鼓励和表扬这些学生，让他们感受到教师对他们的重视，重新找回自信心，重新培养学习的兴趣。

因此，骨干教师在实施教育理念的时候往往既考虑好学生的求知欲望，满足他们的更高需求，又要便于基础较差学生的理解和接受，才能有助于他们在原有基础上的提高。那种把自己在教育措施上的失败归咎于学生"天生愚笨"的教师，显然是不对的，而抹杀学生之间"势"的"不同"，其结果往往是事倍功半。所以，在骨干教师的培养过程中只有详细了解，认真研究每个学生的特点，"因材施教"、"因势利导"，才能不断提高教育质量。

在因材施教中需要特别注意的是：孺子不但要可教，还需要老师会教。所以，如果教师知识贫乏，兴趣狭窄，也很难取得好的教育效果。就像是年羹尧的老师，如果他只是一介腐儒，当然是不可能教育好年羹尧的。恰恰因为这位老先生兴趣广泛、多才多艺，"弹胡琴"、"吹胡笛"、"习拳棒"样样精通，才有更多的条件和机会与年羹尧接近，他们之间才产生共鸣和积极的情感交流，老先生才有条件从更多的方面影响和教育年羹尧。教师兴趣广泛，能够从多方面满足学生的合理要求，师生之间就能架起感情的桥梁，建立起自然的富有感情的关系，从而取得良好的教育效果。

不打没有准备的仗

现代人都把职场比喻成战场。也确实如此，比起真正战场上的血淋淋地厮杀，职场的那无声的残忍一点也不比真正的战场逊色半分，甚至一个人的生死成败就决定在了那三尺多长的谈判桌上。那么，教师也是职场人之一，战场又在哪呢？当然就是那教室中的讲台，不过敌人却不是别的任何人，而是老师自己。

面对学生们期待、崇拜的眼神，教师要想的是拿什么去战胜上一次站在讲桌上的自己，如何才能让学生们尽可能地消化掉自己所讲的知识内容，拿什么打好这场与自己的仗。

上课对教师来说，只要你不是第一次登上讲台会有种紧张到说不出话的感觉外，对每个老师来说都可以称之为家常便饭。只要一本教程、一个粉笔就能轻松自在地打完这场仗。但是，这里面的质量问题又考虑过多少呢？有没有想过怎样才能上好更加完美的一节课？如何让自己的每节课都可以变得富有成效呢？就像一个人上山砍柴一样，如何能砍得有质量又有效率呢？

正所谓"凡事预则立，不预则废"，打仗的话就需要充分的准备，不能吃饱了、睡饱了，武器也不拿就进战场了。否则必定是一场败仗。教师上课也是，有工作多年的老教师一定会这样认为：一本书早已讲了不知多少遍了，就算不备课就会手到擒来、马到成功，还有什么可备的。其实，这是一种误区，这是一种以不变的眼光看发展的问题的误区，是一种片面

的观点。原因之一：社会在发展，教育体制随之发展，用一本陈旧的教科书和教育方法是不会跟得上时代的，免不了被早已经见过大场面的学生嗤之以鼻；原因之二：物质条件的丰富和信息时代的来临使现在的孩子思想上越来越成熟，懂的东西越来越多，区区一本教材是远远满足不了他们的。他们更需要老师能够展示给他们不仅仅是书本上的知识。所以教师如果想上好这一堂课，不管你已经讲了多少遍的课，都要在课前根据当今的环境、学生的需要进行精心的预设，才能在课堂上为学生们做出精彩的知识呈现。简单地说，教师课前到底要做什么？必须要做什么？答案就是备课。

备课是指教师在课堂教学之前进行的设计准备工作，即教师根据课程标准的要求和本门课程的特点，结合学生的具体情况，对教材内容作教法上的加工和处理，选择合适的教学方式方法，规划教学活动。也就是所说的砍柴之前的磨刀准备过程。

在以这三尺讲台为战场的教师们老说，想大获全胜就必须要把武器准备妥当。备课首当其冲地成为了教学质量提高的利器，是教师攀越教育高峰的阶梯。

充分备课是上好课的前提，提高课堂教学质量和效果，首先要抓好备课这一环。教学实践表明，教师在备课上所花功夫的多少直接影响授课的质量。

一位教师在讲授《麻雀》一课时，有学生提出这样一个问题："老师，为什么课文中是一种强大的力量使它飞下来，而不是爱的力量？"

这个问题是教师始料不及的，因为她始终在讲母爱教育。经过深入思考，学生提出了这个深刻的问题，但教师不知如何处理，结果是最后不了了之。

如果这位老师在课前做足了充分备课准备的话，了解俄国作家屠格涅夫写此作品的历史背景，知道文章所表达的主题是弱小力量奋起反抗强暴的思想，那么这个问题就会得到解决。

还有一位教师在讲古诗时，有位学生提出一个问题，问："为什么我们学习的古诗都是五言七言诗，怎么没有四言六言诗？"这个问题提得多好，但教师的回答却让人感到失望。教师说："等着你去写呢。"

这种敷衍学生的做法是不合适的，而且敷衍中带着一种不屑。如果教师具有一定的文化素养，又认真地备了课，那么就可以简单介绍一下律诗的发展形成，学生会惊喜地得到意外的收获。如果不具备这方面的知识，还可以退一步，和学生共同查找资料来解决问题。

可见备课是教师进行教学活动的首要环节，是整个教学活动的前提和保障，质量的好坏直接影响教师的教学效率和学生的学习效果。想成为优秀教师的话，备课更是重要的成为教师必不可少需要掌握的一项基本功。上一则案例说明了教师因备课不充分而导致不能善待学生提问，值得每位教师深深体味之中的含义。

要备好一节课，也是有讲究在里面的，需要教师掌握以下几个基本环节：

一、备教材

备教材包括钻研课程标准、教材和教学参考书，了解本门课程的教学目的、任务和要求，了解教材的结构体系及其与前后课程的关系，明确教材的重难点，并借助有关参考书弄清疑难之处和有关问题的来龙去脉。

另外，教材对学生来说，有可能会出现太难、太偏、太陈旧等问题，甚至难免会有错误。这就要求教师带着疑问备课，即备教材知识时认真思考：概念表述是否科学、例题展示过程是否繁琐、事例是否陈旧等问题，并要及时查阅最新的相关资料，找到解决问题的办法。

二、备学生

充分了解学生，这对上好课尤为重要。治标更要治本，教学事业也是一样，要提高学生的学习成绩就要彻底改变学生的学习方式、确定学生在课程中的主体地位，建立自主、探索、发现、研究以及合作学习的机制。而要达到这一要求，必须充分了解学生，找准教学的起点。我们以"利息的计算"为例，课前教师可以找一些学生问一问，看学生知不知道存款是怎么回事？什么是"本金"？什么是"利息"？什么是"利率"？什么是

"利息税"？还要了解学生对百分数应用题的掌握情况等。

三、备教法

就是解决如何教的问题，选择恰当的教学手段和教学方法以实现教学目标。在每个教学环节，采用什么教法和学法最省时有效，在备课时教师就要选定好。恰当的教学方法符合学生的认知规律、使学生可以接受，最终实现预期的教学目标并收到好的教学效果。

四、备疑问

也就是教师应从学生的角度带着学生可能提出的疑问备课。教师只有了解自己的学生，从学生学习的角度去思考所要教学的内容，备课才会有针对性，上课时才不会出现学生提问导致教师因答不上来而难堪的课堂情境。

备课时，教师应多考虑一下：在这个知识点上，学生可能提出什么问题？如果学生提出的问题可以由其他学生帮助解决，那么"我"该如何设计学生的活动？如果学生提出的问题与教材的这部分知识没有直接关系，"我"该如何回答？怎样引导？如果学生提出的问题是"我"始料未及的，也是"我"掌握的知识所难以正确回答的，"我"该怎么办？只有经常地思考这些问题，教师的备课才会是高质量的，课堂教学也才会更具活力，更有实效。要"精心备课"，更要"精心设计"，这才是一个优秀教师应该必备的基本功。

备课是一个老话题，也是一个常新课题。在不同的时期会有不同的要求。以往教师备课，多是根据教材、教参和学生的认知情况进行设计、编写，甚至连提问学生的答案都准备好了。如果现在的教师仍抱着这样的态度，思想就有些落后了，更别提能够成为一个优秀教师了。这种墨守成规的教育方式即使把自己的良知应付过去，学生们也不会接受的。

其实教师的备课过程同时也是教师把可能的教学能力转化为现实的教学能力的过程。作为教师，都具备一定的专业文化水平，都或高或低的具备一定的教学能力，但这只是教师教好课的可能条件。只具备这些可能条

件甚至较好的条件，如果不去备课，就不能形成某一内容的实际教学能力，也就不能顺利完成教学任务，不能使可能的教学能力得到充分的灵活发挥。

许多教师把备课当成一个对自己毫无益处的麻烦差事。其实不然，备课作为教师课前准备的过程，亦是教师提高知识水平和教学能力、总结教学经验的过程。教师通过一次次的收集资料，一遍遍的处理教材、确定教法，专业水平和教学设计能力就必然会得到提高。

细节不能粗对待

"泰山不拒细壤，故能成其高；江海不择细流，故能就其深。"所以，大礼不辞小让，细节决定成败。可见，细节在一个人事业或是其他方面都起着至关重要的作用。所以，细节不要粗对待。

想做大事的人很多，但愿意把事做细的人却很少。我们教育界是很需要雄韬伟略的战略家，但目前更缺少的是精益求精的执行者。骨干教师作为教师队伍中的领军人物更是要把所有的问题细节化，坚决杜绝心浮气躁、浅尝辄止的做事风格。为什么在骨干教师成长之路上，对待细节的问题如此重要？

因为细节造就专业品质。这里的专业品质可以称之为骨干教师所应具备的职业素养。好的教学细节，就是很好的教学素材。面对孩子们求知欲望急切的眼睛，我们有责任把枯燥无味的书本知识有意识地、有创造性地开发出新的活力，使孩子们在掌握了知识的同时更能激起更高的学习兴趣和求知欲望。对教育细节的关注体现出教师具有科学的思想和务实的精神。那么究竟如何雕琢教育细节呢？

教师对教育细节的把握主要体现在传道授业的课堂之上，学生们的大部分知识也是通过课堂而获取的。所以，注重课堂的教育细节尤为重要。也可以说，课堂细节是对教师水平的拷问，是教师教学理念、教师机制，乃至教学素质的折射。关注了教学细节，才能提高课堂效率，才能成就我们的精彩课堂！

课堂上的细节究竟能细到什么程度？可以是教师对学生消极时一个鼓励的眼神，开始讲课之前一段别具一格的开场白，或者教室角落中新摆放的一盆绿色植物以起到活跃氛围的目的等，这些简单的细节问题都可以间接地影响到上课质量的好坏。细节通常会以小见大，好的细节能带来积极的效果，而不好的细节也能以点带面严重破坏到师生的课堂氛围进而影响到教学质量。所以，课堂再小的细节都不能粗对待，一点都不夸张。

著名导演张艺谋说过一句耐人寻味的话："没有多少人能记住整部电影的详细过程，但是却能记住某一闪亮的细节。从这个意义上说，一个令人难忘的细节就是一部好电影。"同样，一个精彩的教学细节也是影响课堂成功与否的关键。细节影响效率，细节决定成败。只有做好每一个细节，方能达到效率第一。

一个成功课堂上的细节有很多，以下我们来列举一二。

一、教学语言

教师的语言在保证准确的前提下，还要做到干净利落，不拖泥带水。有些教师经常延课，下课铃声都已经响了，还没有讲完这节课应该讲完的知识。之所以不能规定时间内完成教学任务，一个很重要的原因就是怕学生听不懂，翻来覆去、不厌其烦地讲，使课堂中有限的时间在与讲课内容无关的废话中悄悄地溜走，还有就是学生已经回答得非常准确的问题，有些教师还要把答案再重复一遍，这样既浪费时间，也不利于学生倾听习惯的培养，过多的重复让学生产生厌烦情绪，影响了学生的学习效果。

教师提出的问题以及总结性的语言要简明、准确，如果教师的提问不准确就会让学生产生误会或感觉啰唆。

想克服这个问题，教师要结合实际精心设计每一堂课的教学过程，不但要考虑知识的相互联系，而且要考虑拟定采用的教学方法，以及各教学环节的自然衔接；既要突出本节课的难点，又要突破本节课的重点。教师必须在备课时精心设计好问题、过渡语，尽量不说与讲课内容无关的话，做到语言精炼、准确。

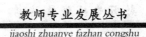

二、小组合作学习

我们倡导互助合作学习，提倡学生进行"合作交流"，是因为合作学习会增加学生参与教学活动的机会，能强化学习动机、提高学习成绩、发展人际交往能力等。

但个别教师为了突显互助学习在数学课堂中的作用，乱用小组合作学习这一形式，没有价值的问题、通过预习可以自己解决的问题、一些较为简单的问题等，都要求学生讨论，这样的合作毫无价值可言，既浪费了时间，又使合作学习流于形式。再有就是有些教师在学生小组合作之前没有明确的合作要求或者要求不细、不准，导致小组合作的盲目和无效。

所以，一名骨干教师就会在分组之前考虑到：

1. 在实施小组合作之前必须给予每个孩子独立思考的时间。思考后再在小组内交流，因为在个人独立学习思考的基础上进行的合作学习才是有价值的合作学习。只有当学生有了自己的思考与想法才能在小组中达到更好的有效的交流。

2. 教师提供的合作学习的内容必须明确，必须适合每位学生的参与，使学生能围绕实质的内容有一定的探索性。合作学习不仅使学生自己找出问题的解决方法，而且在探求知识的过程中加深他们对知识的理解、对知识保持的强度，使他们的思维得到相互启发和训练，提高语言表达能力、自学能力、分析能力、解决问题能力和团结协作能力。

3. 在小组讨论时，教师要参与到学生的讨论活动中去，以便随时了解讨论出现的问题，及时引导、点拨，避免学生走过多的弯路，当学生对一些问题迟迟讨论不出结果时，教师要马上调整问题的层次性，由浅入深。

4. 教师尽量给小组提供均等的竞争机会，如果班内小组在五组以下，小组交流后争取给每个组发言的机会，通过听课发现有些教师很注重小组间的竞争，但小组竞争的机会不公平，比如教师提出一个问题大多是采用抢答的方式，但由于教师的视力覆盖率的缘故，有的学生举手了教师却看不到，因此教师要明确哪些问题要抢答，哪些问题要指定，有了公平的评价，才能真正激发出小组间的竞争。

5. 在各小组汇报发言时，老师应及时评价各小组的意见，努力培养学生认真倾听，勇于质疑，敢于发表独特的意见，并互相尊重，使小组合作学习的积极性提高。

三、建立学生思维的有序性

以往我们在评价一节好课时往往多关注教师教得如何，如教师的语言精炼、准确，课件直观，容量大，注重引导等，而很少关注学生学得如何，高效课堂应该以学生的学带动教师的教，学生如何学，方法和能力很重要，数学就是教给学生思维、思考，因此培养学生的思维能力是学好数学的重要保障。

重结果轻过程是目前教学的弊病之一。这样做显然不利于学生真正掌握基础知识，更不利于培养学生逻辑思维能力。

重视学生的思维过程，优秀教师应选择最佳教学方法，讲清思维过程。首先教师要安排好讲解的层次，清楚的讲解层次是学生获取知识的基础，也是培养学生初步的逻辑思维能力的一个重要方面。教师对每节课教学的内容一定要理清讲解的层次，除了要安排好复习导入、新授讲解、巩固练习等大层次外，还要理清每个大层次中的小层次。层次的逻辑性既能为讲清知识服务，又能为培养思维的逻辑性服务。

其次，教师应设计好讲解的方法，讲解方法设计的好坏直接影响到能否讲清思维过程。好的讲解方法应该注意根据教学内容和学生的具体情况选择，要充分发挥教师的主导作用和学生学习积极性、主动性，要坚持启发式，既要考虑到知识的讲解方法，又要考虑到能力的培养方法。

重视思维过程，教师除了检查结果是否正确外，还要检查思维方法和过程是否正确。教师在检查学生回答、表演、作业时应多问学生：为什么？这样做的依据是什么？你是怎样想的？学生作业和回答问题中发生错误，教师要注意先帮助他们找到错误的原因，看学生在理解知识方面有没有问题，在逻辑思维方面有没有问题，只有找到了产生错误的真正原因，才能对症下药、纠错防错。

综上可知，课堂是师生共同创作的一部作品，师生在互动中共同成

长。关注细节，其实就是关注新课程的理念是否落实到位，就是关注我们的教学行为能否根据新课程的要求重新塑造；关注细节，也是追求教学的合理化、智慧化、精确化，是教学达到一定境界后的品位和追求。精彩的教学细节不仅可以使教学过程具体、丰富而充实，而且可以使教学过程充满诗意和灵动，充满智慧和创造；精彩的教学细节会给我们以意外和惊喜，会令我们陶醉和享受。

教育的艺术就体现在敏锐地捕捉具有教育价值的细节上。如果教育过程中有更多的细节被注意、被发觉，那么教育就一定会变得更美丽、更迷人。我们要敏锐地发现学生身上显露出的教育细节，耐心地讯问，静静地倾听，深入地挖掘，在细节上做文章，于细微之处见精神。这样，教育就会走进学生的内心世界，就能赢得学生的阵阵掌声。

第二章　事半功倍的教学技巧

既放得开，又收得拢

一场精彩绝伦的演出完毕，鲜花、掌声经久不息，谁最能被这种氛围所感染？是舞台上恍若置身于仙境般的演员们，还是被光环所普照感同身受的幕后工作人员？答案当然是亲自登台并且制造了精彩的演员们了。也只有真正体会过这份荣誉与自豪的人，才能在尝过甜头的之后，进而加足马力坚持这份不懈的努力和奋斗。

学校的教室才区区小小十几平方米，但却不能不说它是学生发挥自主能动性的最耀眼的舞台。

真正的骨干教师并不是自己一个人在讲台上滔滔不绝地口若悬河，而更应该是把尽可能多的机会留给学生去自由发挥。

这种"课堂应给予学生选择与自由的空间"的概念，无疑是对讲究强调课堂纪律、要求学生"安分守己"的传统教学理念是一个不小的冲击。其实，两种教学态度所产生的效果是显而易见的。在教师控制着课堂，学生言听计从的教学方法之下，学生的思维、个性、身心发展都受到极大的限制，学生仿佛成了知识的容器，被动地、机械地接受教师的强制性知识传授。而"给予学生们选择与自由的空间"这种教学方法则使孩子们充分地发挥了主观能动性，真正成为了学习的主人后，婉转的不止是这个三尺的小讲台，收益的还有以后的大人生。

改造我们的课堂、建设健康的课堂要落实在培养骨干教师的教程中，在"放得开，收得拢"中把握好"放"与"收"的度。

究竟什么是教师的"放得开，收得拢"呢？

在骨干教师课堂的管理中，所谓"放"，就是应该给学生创造能够展示自我、启迪思维的环境和氛围。有这种认为要巩固、没有要培养。允许学生自由想象，哪怕是异想天开的、幼稚的、甚至是错误的想法都应该予与包容。在与同学们之间的争议，不要轻易地否定学生的答案，更不要强迫学生接受自己或书本上的答案。"一棍子打死"的教学方式是要不得的。要改变过去在统一、规范的要求掩盖下，忽略学生个体的存在及限制学生在课堂上发言、质疑、提问权利的现象，调动学生主动、愉快学习的积极性。

所谓"收"，就是结合学生学习的需要和教学目标的要求，采取灵活多样的方法，肯定学生创造性思维成果，肯定和有限度地放大学生的"闪光点"，挖掘和点燃学生的智慧火花，并对不同意见和不同结论通过比较与鉴别，引导、矫正学生对问题的认识，纠正理解上的偏差。教师和学生是一对学习的共同体，教师与学生是平等的对话主体，教师应该宽容地对待学生提出与自己相左的见解。但是，如果矫枉过正的话，势必对教学质量的提高产生不利的影响。一些教师并未深刻地、全面地理解对学生的尊重和包容，他们为了营造活跃的课堂气氛便放纵学生，导致出现一些与课堂教学无关的举动，反而使课堂出现混乱，这些都是教师只放得开，但收不拢的具体体现。

在骨干教师"放"的程度以及"放"的标准上，有体现在学习环境上的，还有学习材料上的。

1．"放"大教学环境

学生学习的课堂在哪里？一些教师尽管在口头上不承认，但自觉或不自觉地还是把课堂局限在学校中。毋庸置疑，学校课堂是学生学习的主要场所。但是，我们在新课程改革的大潮涌来之际，不妨把传道授业的场所再放大、放远一些。例如，大自然也可以成为教学背景。领着学生们出去走走，走出校园的围墙，呼吸呼吸自然的空气，在不同以往的心情中把书本中的知识更加生活化、自然化，"放"出一个骨干教师的精彩。

2．"放"开知识范围

同学们现在所涉及的知识往往仅限于教科书上的；限于教师自身所拥

有、所认可的知识；仅限于学校、课程标准所规定、所预设的知识。具体到学生读书、学习，许多教师大多把它局限于读教科书，关注点更是首先放在了应付选拔性的升学考试上。用固定的书本知识引导学生寻求标准答案，追求分数变成为读书。这无疑在根本上限制了孩子们的学习范围，忽略了作为个体的人的种种不同的需求、更是抹杀了教学的初衷。骨干教师应该设立一种新的、多元化的读书价值取向中，不单单仅限于课本。让学生的视野开阔起来，在更多的书籍中让精神世界与人生阅历丰富起来，以至让其在情感态度与价值观得到培养和完善。

3. "放"宽学生的角色

学生读书学习还面临着一个实际问题，就是属于学生自己支配的时间太少，无论是课堂还是课余常常被教师所占用。在课堂上，教师对学生不放心，讲和练成为教师的"看家本领"，以讲为主、讲练结合成为教师惯用的教学方法，哪还考虑学生这一学习主体？即便是在新课程实施的今天，尽管一些教师要树立学生的"主体意识"，创造机会来培养学生的"问题意识"，但最终还是要回到教师的标准答案、回到教参来"统一认识"。学生充当了帮助教师完成教学任务的配角，教师与学生在教与学中的不对等关系，怎能提高学生的创造性？怎能促进教师的专业发展？

需要注意的是，无论是哪个"放"，都要放得有分寸、有计划。不能毫无节制地"放"，要随时做好"收"回来的准备。学生虽然是主角，但也不能放弃教师这个教学组织者和引导者的地位。

我们经常面临如何看待课堂上"热闹气氛"的问题，也在对课堂气氛的活跃与死板的选择中彷徨、犹豫。"放"与"收"中间的这个度到底应该如何把握？

其实，这"放"与"收"的关系既对立又统一。是教学过程中由无序向有序转化的因素。也就是说教师与学生之间所形成的教学系统应该是一个开放、有序的系统，是一个充满"对话"与"交流"的系统。这种对话与交流的核心要素便是课堂教学中问题的建构，不管是教师预先设定的问题还是课堂生成的问题，只要是在有序环境下出现的有意义的问题，它就能使情况掌握在教师的把握之中。就能会使我们的教学发生质的飞跃。

教学中不能追求表面的"热闹"，不能无视学科的自身特点，不能不顾教师自身所擅长的教学风格，而去追求那种看似活跃的气氛。保证课堂教学既活跃又有实效，关键在于教师对课堂的控制能力。而这个控制能力就体现了教师的教学水平，体现了充满教学智慧的深厚底蕴。

　　就像放风筝一样，蓝天白云任之遨游，但掌握方向的还是那根细细的风筝线。骨干教师就是那懂得分寸、灵巧掌舵的放风筝的人。要有在"小"课堂中寻找"大"智慧的意识，只有真正理解教育，才能改变教师课堂上的教育教学行为，才能真正做到：既"放得开"又"收得拢"。

第二章　事半功倍的教学技巧

"借力"教学的技巧

美国著名心理学家丹尼尔认为，一个人的成功，只有 20% 是靠 IQ（智商），80% 是凭借 EQ（情商）而获得的。

这就是明明笔试成绩不分伯仲的教师们为什么会在骨干教师发展之路上产生莫大差异的原因！

这其中的成功者的成功之路少不了"借力"之技巧的运用，就是一个人情商之高明的重要体现。

除了家教老师，大部分中小学校基本上没有那种一对一的教学方式。老师的工作往往都是面对几十名学生，任课教师的话可能还会应对上百名学生，除了学生之外，还有学校等其他事物，像和其他同事之间的交流等。这些都不可能在一个教师的骨干教师成长之路上称之为一件小事。所以，老师要面对的各项事物太过纷繁复杂，个人精力有限，是不可能都可以自己亲自来处理，就算有精力也不能处理得面面俱到。这就需要教师一定要掌握"借力"这项基本功。

"借力"是一种技巧，是在繁杂世界中获得成功的一种捷径。对于教师来说就是一种对潜在教育资源的利用。这些资源驻足于你的周边，只要你用心发现、略施技巧，他们就会"笑脸相迎"给你分忧解难。

成功的"借力"首先需要一双善于发现的眼睛，其次就是恰如其分的应用手段。工作繁重的教师们如果不能从身边的教育教学环境中汲取营养的话，就很容易在骨干教师的培养过程中走上弯路，力不从心地苦苦煎熬。

那么，那些正在通往骨干教师之路的教师们又能如何巧用"借力"

呢？这里面究竟要借谁的力呢？

一、善用现有物化资源

1. 书籍永远都是人类的好朋友，更是教师的忠贞战友、坚实的后盾。因为书籍本身就是智慧的凝集，是前人智慧的精炼，我们读书，就好比是已经站在了别人的肩膀上了。好好领悟书中的道理，就能避免掉前人所走过的弯路，会让你大大地节省时间和精力。所以，教师要充分利用学校图书馆的馆藏资料。在工作闲暇之余，应该经常到图书馆浏览、借阅有用图书。这几乎是所有"借力"具体行动中最简单有效的方式了。

2. 书籍不是盲目地看，我们的目标是跻身于骨干教师行列。所以，根据此目标我们要搜寻与此紧密相连的资料，这样一来，学校教研组收藏的学术资料就成为不二选择。因为，教研组是学校学科教学研究的基本单位，组内往往积淀了丰厚的专业学术资源。更能帮助教师们划清重点、梳理头绪，起到事半功倍的效果。

3. 充分利用电教组刻录的课堂实例。电教组主要负责全校各类公开课录像，也不乏全国堪称上等的优质课堂录像。这些录像真实记录了不同教师的不同课堂状况，反映了教师的教学情况，学生的态度、反应。有什么比声色并茂的课堂实例叫人来得刻骨铭心的呢，再多的理论也不如一次的实践。何况又是置身事外，就更能做到"旁观者清"。不管是影像中的成功案例还是失败细节，都能使你更加的记忆犹新。通过对课堂实例的探究，促进青年教师对自身课堂的反思，借他山之石可弥补自身不足。

二、"借力"于网络信息资源

1. 选择专业化学科网站

经济、科技的发展为我们的学习、工作、生活带来了更加快捷、便利的网络世界。网络世界为了我们以最快的速度提供了大量最新的信息，更是为人们实现了真正的知识共享。其中对教师们十分重要的专业学科网站更是浩如烟海，可谓"乱花渐欲迷人眼"。只要我们的教师根据自己所属专业寻找到本专业的学科教学网站，就能够使自己的专业技能一次又一次

第二章　事半功倍的教学技巧

地得到巩固。

2. 选择课改类培训网站

随着时代的改变，教育体系、课程内容也都进行了相应的改革。教师在专业知识不断积累的基础上，还要需要学习一些相关的教育教学理论，以及对新课程理念的解读。所以，我们教师要通过各种培训随时跟上改革的脚步，时刻关注改革进程。通过对这类知识的学习，可把握国家教育教学的发展动态及方向。

3. 教师交流论坛

一位哲人说过："一个苹果与一个苹果的交换，双方得到的依然是一个苹果，然而一个思想与另一个思想的交换，双方得到的则是两个思想。"这就是思想交流产生的作用。教师可通过网站论坛求助其他教师帮助解决教学中实际难题，或者是撰写自己的个人教育教学反思，在网络上与他人交流共享。十根筷子掰不断，众人拾柴火焰高。这也是"借力"的一种重要手段。

三、善用身边人力资源

1. 借助带教制度，求教带教教师。为促进教师在骨干教师的发展路上迅速成长，很多学校都形成了教师与骨干教师结对子的制度，即带教制度。带教制度的主要目的就是使还在骨干教师成长之路上的教师能从优秀骨干老教师的言传身教中获益，从而缩短骨干教师的成长周期。所以，我们应抓住机会，虚心向骨干教师学习，多请"师傅"听课，帮助自己成长；多听"师傅"的课，潜心学习骨干教师的教学精华。

2. 借助学校活动，求教专家指导。一些学校每学期都要组织例如听课周、百花奖等教学活动，教师应充分利用活动契机，按照学校的要求积极参与活动，诚心听课、真心评课。尤其要注意品味校内"专家"的评课或者校外"专家"的报告，抓住专家的思想闪光点，内化成自己今后的教学实践的指南。

以上任何一个方法都能缩短你的骨干教师培养之路的路程。

"借力"艺术是一个涵盖范围很广的概念。只要善于发现处处都可以借力登高望远、化险为夷。只要我们教师有一双面对困难时依然清醒睿智的眼睛，就能够发现那个"借力点"。

第三章　学习的脚步永不停歇

　　知识就如同我们所赖以生存的房子、车子、生存技能一样，会随着岁月的流逝不断折旧。这绝非危言耸听。美国职业专家指出，现在职业半衰期越来越短，所有职业之骨干精英若不学习，无需 5 年就会退出骨干精英之列。当 10 个人中只有 1 个人拥有电脑初级证书时，他的优势是明显的，而当 10 个人中已有 9 个人拥有同一种证书时，那么原来的优势便不复存在。所以，当我们的优势快不复存在的时候，要及时充电补给。就像一句古谚所说："你的船要是有了破洞，就花点时间补好它。"所以，我们的知识要保持随时更新，绝不能停住学习的脚步，使自己永远屹立于骨干之行列。因为现在的社会对那些对学习兴趣缺失的人真的越来越无情了。

学会时刻"归零"

人们这一生都在决心拒绝病痛、拒绝挫败、拒绝平庸、拒绝默默无闻。我们可以拒绝很多东西，只有荣耀，是人们最不能狠下心来拒之门外的。因为我们是如此渴望荣耀的笼罩，期盼还来不及，谁又愿意放弃那已经到手的来之不易之物呢？

但是，身上的包袱装满了东西的话就很难再装下更多、更新的东西了。都懂得的道理，真需要放弃、重新归零又谈何容易。也正是有这么多人人都懂，又不是每个人都能做到的东西才能区分出好与坏、善与恶、平凡与卓越、普通与优秀。

曾经有一位学者向一位著名的禅师问禅，学者一见禅师，就滔滔不绝地说开了。禅师没有说话，只是静静地以茶相待。他把茶水缓缓注入这个学者的杯子里，一直到杯子满了。禅师停下看了一眼这位学者，学者并没有急着去喝茶。

稍后禅师又继续注水，这位学者眼睁睁地望着茶水绵绵不断地溢出杯子，一直流到桌子上到处都是，他忍不住地说："大师，茶水已经溢出来了，请不要再倒了。"

禅师说："你就像这只杯子一样，脑子里装满了你自己的想法，你如果不先把自己的'杯子'空掉，叫我如何对你说禅?"

装满了水的杯子，是倒不进新东西的，永远也不会再有提升的机会。只有放低自己的心态，否定自我，用空的心去学习，才能使自己不断地进步。

作为一名教师，如果你拥有不俗的才华，又善于拼搏，就一定能在本校、本地区取得相应的地位与名声，这个时候，如果你还想得到进一步地提升，上升到骨干教师的层次时，你更需要有否定自己的勇气和不断开拓的豪气。人很容易在登上一定高度的时候而停滞不前，因为这个时候可以躺在名气的温床上过舒坦的日子，没有必要再去给自己找麻烦。所以，"归零"的过程是一个极度痛苦的过程，也是一个可以让人快速成长的过程。

武术家李小龙有一句话令人感触颇深："如果我不时常清空杯子，我怎么能创造一个新的拳种？"

"清空杯子"也就是我们所说的"归零"。是的，李小龙并不因为自己拥有扎实的洪拳和咏春拳的基本功而固步自封、停滞不前，他并不因为自己曾获得过香港武术冠军而沾沾自喜、骄傲自满。相反，李小龙为实现自己创造新拳种的远大目标而不断地吐故纳新、推陈出新。成绩和荣誉并没有成为李小龙前进道路上的羁绊和阻碍，为什么？就因为李小龙时常"归零"、时常清空自己的"杯子"。

把既得的东西放下，选择重新面对学习、工作又何尝不是教育事业要时刻做的工作？想做个骨干教师就更是要如此。所谓"书山有路，学海无涯"，知识在不断地更新变化，教师就更不应该永远只固守着手中已有的荣耀。如果长期处于这种满载状态，是相当可笑和危险的。因为这无异于是目光短浅、孤陋寡闻的井底之蛙。想要适应课程改革的需要，适应学生们不断升级的求知欲望，就要不断学习、不断进步、不断清空自己、不断地重新"归零"。

因为路的前方有太多不可预知的惊喜，不放下沉重的包袱站得更远一点话怎么可能看得见那一片片风景呢？

"归零"的勇气不是一时的，它更是一种态度，一种保有持续性的心态。也许你只有这一时的勇气，那么不要停下来，努力把这一时的勇气变成长久的习惯，从而改写整个人生。

怎样才能"归零"，我们教师又应该在哪些方面入手效果更大、效率更高一点？

这种人为的强制性的"归零"最离不开的当属对自我的否定。否定自我，就是再次义无反顾地选择踏上布满荆棘的探索之路。这需要勇气，也是对自身所存在的勇气的考验。

在教育研究的道路上，你什么时候停止了对自己的否定和超越，也就停止了最为一名骨干教师荣耀的延续。骨干教师概念的涵盖范围随着时代步伐的前进而改进，偶一停下来，就会被时代甩在后面、被骨干教师队伍甩在后面。

虽说对自己进行否定，但并不是要把自己封闭起来，闭关思过，然后再挥刀斩乱麻。这样盲目地不问世事的行事作风难免会有"斩错"的危险。越是解决自身问题的时候越是应该广泛地联系他人、关注他事，敞开心扉，接受他人的思想和观点作以参考来正确处理自己的问题。

一个人成长到一定的程度，会拥有自己的思想体系，这个思想体系是他存在的确证，但是，这个思想体系也可以将他包围起来、隔绝起来，难以接受新的东西，就像一个盛满东西的器皿，再也装不进新的东西。勇于否定自我的人，往往具有奋进的激情，也常会有新的教学研究成果出现，从教育心态来讲，他们永远年轻，永远青春。

教书，更要读书

　　书籍是全世界的营养品。生活里没有书籍，就好像没有阳光；智慧里没有书籍，就好像鸟儿没有翅膀。书籍是屹立在时间的汪洋大海中的灯塔。古今中外的人类文明史告诉人们：作为人类精神和灵魂的结晶，书籍在推动社会进步中的作用是其他任何事物无法相比的。人类离不开书籍，离不开知识，书是人生命中极其重要的一部分。读书是人们重要的学习方式，是文化传承的通道，是人类进步的阶梯。读书，在各个领域都至关重要，在我们教育领域里更是如此，大多数有志向、有责任心的教育工作者都长期坚持着读书。

　　读书是时代前进对教师提出的必然要求。更是体现了一个教师的基本素质。但是，光知道读书是不够的，还要学会读书，善于读书。

　　怎样读书才能获得最大的收益呢？

　　第一，读书要善于积累。

　　鲁迅先生说过："无论做什么事情，如果连续收集材料，积之十年总可成一学者。"歌德在谈到积累材料时强调："我在这一点上就像一个人在年轻时积累了很多银币和铜币，年岁愈大，这些钱币的价值也愈高。到了最后，他年轻时的财产在他面前块块都变成黄金。"

　　骨干教师读书都有边读书边写随笔的习惯。俄罗斯文豪果戈理有一个"手头百科辞典"，其实就是几本又破又旧的笔记本。他在年轻时就养成了记笔记的习惯，这成为他创作不可缺少的所谓的"工具书"。

第二、读书要勤于思，敢于想。

这是读书的延续。教师通过系统地、原汁原味地品读书中所写，感悟理论中的真谛，反思自己教育教学行为的得与失，以求得甚解。读书要与书籍的作者进行心灵对话，在心中冥想，对作者提出种种为什么。通过双方观点的沟通、交流、碰撞，使自己对事物的看法提高到一个新的境界，使自己的教学经验得以梳理和提升，从而转换成专业化发展的一种新的力量。

另外，不但要思还要有辩证的思维，辩证地分析问题、处理问题。面对各类书中的不同观点不要不知所措、思维混乱、迷惘；更不要把书中作者的经验盲目地套用在自己的教学实践中。

第三，读书求知要与知识的使用相结合。

也就是说读书要有用，无论是用于自己的修身养性还是用于指导自己的工作，要做到学以致用。只有将知识运用到实践中去，才能加深对知识的理解，起到触类旁通的作用；才能时常感到知识的欠缺与贫乏而唤起对知识的渴望；才能通过实践反馈来检验自己所掌握的知识是否正确，是否做到了融会贯通。

有效的学习离不开对教学实践的反思。"学然后知不足，教然后知困。"这里的"困"对教师而言，可以理解为教学后的困惑与遗憾，表示教师在教学后对自身素质、知识、能力等方面不足的反思。能否做到及时采取措施去应对"困"，是教师能否成功的一个重要因素。

如何解"困"？一是对教学中发生的问题从学生身上去寻找原因，让服务对象谈出他们的需要，发现他们在认知方面所存在的种种问题。对这一点，教师一定要有欢迎真实声音的心态。二是教师本身的自我反思，包括对教学过程中的得与失以及自身素质欠缺的反思。一些教师固守自己的"经验"，缺乏反思的意识，对问题不从自身找原因，不审视自己的"教"，而是埋怨学生的"学"。三是要善于总结与积累。通过撰写教育日记、教育随笔、教学后记等方式，积累成功经验，总结教训，找到形成"困"的原因，明确解"困"的方向。当然，首先要"知困"，方能解困，缺乏这个意识是不行的。

第四，读书贵在坚持。

英国思想家培根说："读书足以怡情，足以长才。读史使人明智，读诗使人灵秀，数学使人周密，科学使人深刻，伦理使人庄重，逻辑修辞之学使人善辩。凡有所学，皆成性格。"

每一个人都有甚至连自己都不清楚的巨大的内在潜力，关键是自己是否去挖掘，是否是有心人，是否有坚持的毅力。

持之以恒，数十年如一日并不是多么容易做到的。我们每天都能坚持读书吗？哪怕一天只读10分钟的枕边书。读书，是一件需要坚持才能领悟到真谛的事情。苏东坡之所以能在任何困难环境中保持一种乐观而忘忧的伟大情怀，成为世人敬仰的文学大师，就因为他能够坚持从儒释道三家的思想精髓中吸取营养，时间久了，就自然而然地内化成为一种属于苏式思想性格的美质。所以说，做教师不是做一天和尚撞一天钟，应该把读书变成我们生活中的一部分，使人变得更聪明，更有智慧。

第五，读书要与经典著作对话。

教育名著是经过实践检验并得到世人公认的优秀或知名的教育著作，理论水准和思想境界高，传达着科学性较强的育人精神，蕴含着先进的教育思想和育人观念，对走在骨干教师成长之路上的老师具有较强的启示作用。

为什么提出要读点名著？这是基于教育工作者的现状和教育改革与发展的要求。就目前中小学的教师队伍看，存在着教育观念陈旧、专业与文化知识的底蕴不足、教育教学的能力与新课程的要求还有相当大的距离等问题。一些教师忽视对教育理论进行深度地研究，这些教师停留在"教书匠"的层面上，缺乏成为名师的后劲。经验型教师要想成长为学者型、科研型、专家型的教师，就应当研读几本教育名著，拥有更多的教育思想与教育理论，这也是教师成功的重要因素之一。因此，读书的范围应该大一些，读书的起点应该高一些。有人说，要想提高自己的本领，就得与高手过招，这句话很有道理。

第六，读书要有科学的态度。

怎样读书不但是学习的方式与方法问题，而且是对生活的一种态度。

"知之为知之，不知为不知，是知也。"知道的就承认已经知道，不知道的就是不知道。不懂装懂是骨干教师最忌讳一点，不聪明，但也不装聪明才是为师之正道。这就是聪明的智慧。

孔子是大学问家，但在"学问"上他仍持"守敏而好学，不耻下问"的态度。一次，孔子去鲁国国君的祖庙参加祭祖典礼，他不时向人询问，差不多每件事都问到了。有人在背后嘲笑他，说他不懂礼仪，什么都要问。孔子听后说："对于不懂的事，问个明白，这正是我要求知礼的表现啊！"

教师不可能是"万事通"，不可能什么都懂。可为什么总是不愿正视这个问题？是对自己定位不准确，也是虚荣心理在作怪，这些都是不科学的态度。

总而言之，学习是进入骨干教师大门的一把万能钥匙。所以我们教师要树立终身学习的思想。学习，要从实际问题出发。学习，要有感悟，要进行反思，要善于质疑。学习，要充分利用身边的一切资源。学习，要做到学习生活化，生活学习化。

以名师为师

具备什么样的才、德、行，才能被称之为名师？

国学大师季羡林曾经说过："一流的学生不是教师在课堂里面教出来的，而是一流大师所创造的学术氛围熏陶出来的。"氛围是如此抽象的事物，可越是抽象的东西，越是难以构建。这种能力更代表一种综合素质。这就是名师的魅力和作用所在。

所以说，名师是个性化教师，是反思型教师，是学习型教师，是情感型教师。名师首先是"明师"，"明师"乃"明白之师"、"明辨之师"、"明天之师"。所谓"明白之师"即对于所教的知识，教师首先自己要明白；"明辨之师"即教师要有判断明辨"新理念、新方法"的能力，不盲从；"明天之师"是指让学生看到明天，教师要着眼于学生的明天。

学生是有理由幸福起来的人，至少作为学生这个身份就能为他们争取到更多"宠爱"，谁给予的？知识给予的，也是老师给予的。老师可以说是除了父母之外第一个与你毫无利益冲突的人，第一个全心全意希望你成功的人，他们往往会不求回报地尽心尽力地把自己毕生的知识都无怨无悔地奉献给自己的学生。

所以，如果你想在教育事业上走得更远的话，首先想到的不应该是你的父母，而更应该是你的老师。哪怕是已经做了别人老师的老师，也可以像老师求教、向名师求教。以名师为师更是应该感到无限荣幸的，也是十分必要的。

为了缩短骨干教师的成长之路，我们应该向名师学习些什么呢？

一、学习名师的学习精神

没有平时的学习，就没有今朝的厚积薄发。当我们在课堂上看到名师游刃有余地调控着课堂，收放自如地引领着学生思路的时候，从每个精致的细节我们就能仿佛看到他们也曾学习、学习、再学习的场景。名师正是印证了这样的一句话："每堂课，我都用我的一生来备。"

二、学习名师的教育思想和个性修养

可以说一个教师的教育思想决定了他今后的教育事业发展之路的趋势，而名师所代表的教学理论往往都是先进的，适应时代发展的，值得我们教师学习的。不妨研究一下这些名师的成长之路，你会发现他们大多也是由普通教师逐渐过度过来的。这其中的过程更加值得我们研究、借鉴、复制。再者要学习他们对教育所必备的激情。激情是教师的灵魂，只有热爱了教育，才会拥有激情。激情是点燃孩子心灵的火炬。名师的精彩不在于课堂有多么完美，而在于平常之处显示智慧，在于有鲜明的个性化追求，在于有全身心投入，在于有渗透在教学细节中的理念。

三、学习名师的实践精神

我们要向名师学习的地方还有，不能只顾埋头苦干，更要学习掌握教育规律，提高教育理论水平，理论与实践只有在完美的结合之下才能在具体工作上产生事半功倍的效果；还要及时了解国内外教改信息，以便紧跟时代的步伐，掌握骨干教师的发展方向。作为一个教师，要想站在教改的前列，没有理论思维是不可想象的，因此，参加教学科研可以说是名师成长的必由之路。

四、学习名师的具体教学方法

1. 备课

深钻教法是备课的一个重要环节。这法儿那法儿，钻研不好教材就没

法儿。我们要在解读课标的基础上，与教材进行深刻的对话，追求"十年磨一课"的境界。因为没有备课时的全面考虑与周密设计，就没有课堂上的有效引导与动态生成；没有上课前的胸有成竹，也没有课堂上的游刃有余，骨干教师要保持"十年磨一课"的执着。

2. 教材的创新使用

创造性使用教材是所有名师的共同特点，也是一名骨干教师应具备的基本素质。只有创造性地使用教材才能实现教学内容与教学方法的完美统一，才能使教材的普遍性和实际教学特殊性的有机结合。许多名师之所以成功，其中一个突出的特点就是不拘泥于教材所限定的空间，能结合教材与自己实际，做出富有个性的创造。

3. 凝集丰厚的文化底蕴

要学习名师，注意积累深厚的文化底蕴。文化底蕴和智慧、境界、视野同样成为一代名师的坚实支柱。丰厚的文化底蕴支撑起教师的人性，高超的教育智慧支撑起教师的灵性，宏阔的课程视野支撑起教师的活性，远大的职业境界支撑起教师的诗性。教师也只有有了丰厚的文化底蕴，才能在教学中游刃有余。

4. 营造氛围的能力

向名师学习，还要学习他们建构自由、民主、和谐的课堂氛围，以学生为本的教育理念。把课堂充分的自主权还给学生，教师不再充当导演，学生不再充当观众，让学生成为教学中的主角，在轻松的教学中形成优质的教学水平。

名师都是在实践中成长起来的，名师不能脱离教学一线，即使在他们成名之后，也没有忘记实践才是检验名师的标准。没有参与进实践之中就没有当名师的资格。而且教育本身即具有很强的实践性，再好的理论、观念也不可能适应所有的学生，都会遇到这样那样的问题。

既然我们已投身于教育，想必我们都不愿意成为一个平庸的教师，一定想使自己能成为教育教学中的佼佼者，那么，不妨从身边的名师身上学起。也许不久的将来，你也能成为名师，走上自己生命的灿烂轨迹，真正在课堂上演绎出那分精彩。

学习的脚步不停歇

如何成为骨干教师

　　人就像是一个圆，而世界就是这个圆以外的所有空间。最开始时是一个小圆，接触外界世界的机会也少，遇到的问题也就会少。随着年龄的增长、阅历的积攒、知识的增加，这个圆就会随着知识的增加而扩展，慢慢地变成大圆。虽然知识使这个圆涉及的面积越来越大，但是也让这个圆接触到了更多的以前没有接触过的问题，于是又需要学习来满足对问题的好奇心。就这样循环往复，圆越来越大、难题越来越多，这其中的平衡就需要知识来平衡。所以，人最不能停止的就是不断地去学习，以便应付随时而来的难题。

　　彼得·詹宁斯现在是美国 ABC 晚间新闻的当红主播。在此之前，他曾一度毅然辞去人人艳羡的主播职位，在事业的高峰期却急流勇退，选择再到新闻的第一线去磨练自己。别人问起为什么时，他只说懂的还是太少了，坐在这么耀眼的位置不踏实。从主播的职位离开后，他先后做过普通的记者、担任过美国电视网驻中东的特派员，后来又成为欧洲地区的特派员。经过这些历练、充电后，他重新回到 ABC 主播台的位置。而此时的他，已由一个初出茅庐的略微有点生涩的小伙子成长为成熟稳健又广受欢迎的主播兼记者。

彼得·詹宁斯最让人钦佩的地方在于，当他已经是同行中的优秀者时，他没有自满，而是选择了继续学习，使自己的事业再攀高峰。无论是在职业生涯的哪个阶段，学习的脚步都不能稍有停歇，把工作视为学习的殿堂。你的知识对于所服务的机构而言是很有价值的，正因为如此，你必须好好自我监督，别让自己的技能落在时代后头。当你的工作进展顺利的时候，要加倍地努力学习；当工作进展得不顺利，不能达到工作岗位的要求，那就把学习的分量加重几倍、几十倍吧！瞬息万变的现代社会里，"学习"是让我们能够为自己开创一番天地的利器。当我们试图通过学习超越以往的表现，生命才会更有意义。

如果沉溺在对昔日以及现在表现的自满当中，学习以及适应能力的发展便会受到阻碍。不管你有多么成功，你都要对职业生涯的成长不断投注心力，如果不这么做，工作表现自然无法有所突破，终将陷入停滞甚至是倒退的境地。

在如此激烈的竞争中，社会对于缺乏学习意愿的人是很无情的，我们必须负责增进自己的工作技能，否则就会被抛在后头吸灰尘。只要没有定期充电，转眼之间就会被时代淘汰，这种事情发生的速度是很快的。领导固然能够鼓励你努力成长，但是最后还是要你自己刺激学习的意愿，才能够吸收到所需的专业知识。你所具备的知识越是丰富，你所具备的价值也就越高，这永远是一个成正比的公式。

为了不让自己的圆失去内外之间的平衡而破碎，我们必须把学习当成一件像吃饭喝水一样，成为自己自身不可缺少的一个必需品。

不得不说的是，有些教师给自己找了很多条理由来支持教师可以不再学习。比如，教师工作量太大，平时工作很辛苦；教师现在掌握的知识用来教学生绰绰有余；教师已过了学习的年龄，记忆力差了，等等。

但支持教师应继续学习的理由也有一条，仅这一条就能颠覆性地压倒"不需要学习"的所有论据。那就是：教师如果不学习也许不久之后就会被淘汰。教育界的竞争是非常大的，有很多后起之秀在虎视眈眈地盯着你的位置。在你有一丝不留神的时候就会被他们取而代之。这种竞争是可怕的，也是公平的，因为你有"不学习"的理由，说明你已经做好了被替换

的准备。就算没有竞争者，你的学生也会"揭竿而反"的，没有哪个学生会容忍一个不思进取、固步自封的老师。学生家长的话，就更不允许这样一个老师来坑害自己的孩子的未来了。

这就是停下学习的脚步所带来的后果。想要晋升为骨干教师的老师是更不可能承受的了。产生这种心理只能斩断你上升的道路。

除了竞争、学生以及学生家长的对知识的需要之外，不能停住学习脚步的原因更大程度上是取决于时代的需要。

以前地区之间是相对比较封闭的，人们都生活在周围的小圈子里。教师的任务就是传递给学生教程规定的既有的知识，把自己肚子里的知识重新拿出来嚼烂了喂给学生就行了，这些东西完全能够让学生在毕业之后有能力在这个小圈子里生存下去。环境告诉我们，现在的知识就足够了，不用再学了。

可现在的社会形势与过去相较却全然不同了，小圈子变成大圈子了。书本上的知识已经不能满足今后走向、立足社会的全部需要，老师教的公式已经不能应付所有问题了。而是需要教师能够扩大知识面的广度，除了书本上的，课外的知识也应该作为养料灌溉在学生们身上。再者说，我们的教材也是不断在变化的，所以，教师学习的脚步是必然不能停下的，也是停不下的。

如若教师不能经常地更新知识结构，不能对新知识保持长久的好奇与敏锐，就有可能被学生看不起，一旦教师不被学生看重，麻烦可真太多了，因为威信是维系师生关系最牢靠的锁链。一旦教师停止了学习，他的工作便如同机械的运作，在机械枯燥的活动中教师会觉得生活毫无意义，会沮丧而没有活力。这一切都将使教师工作显得令人厌恶。因此，学习还能拯救教师自己。学习可能就是这样一种东西，它使学生亲近你，使你永葆活力，使你有魅力。最终，因为学习，你拥有你的工作，你将学习与工作合在了一起，甚至你的美好生活有一大半在工作中实现了。

近年来，我国教育界的学习口号一直没有间断过。"终身学习"、"学习型社会"、"学习型组织"等教育理念的提出，都向广大教师们宣扬了不断学习的必要性。面对这些口号，加以重视的教师无疑已经走向了优秀教

师、乃至骨干教师的行列。对此视而不见的教师可能已经被社会、被教育界所淘汰。

　　陶兴模 13 岁小学毕业，因文革而辍学，15 岁始随父做石匠，当了 5 年石匠后于 1971 年被推荐上职高。读高中期间，陶兴模几乎没有休息过，苦学从未间断，这源自于石匠精神（他认为再艰辛也不及石匠辛苦）。中师毕业后，陶兴模在一所小学里任教，负责两个初中班的数学、化学、地理和两个小学班的自然课程。小学教了不久，他便萌生了去中学当教师的愿望，结果遇文凭问题，于是边工作边自学，煤油灯下拿文凭。1985 年，陶老师在铜梁县一区中教高中，因培养的优秀学生成绩突出引起了县中的关注。为进入县中，他自费参加本科函授，最后成为真正的县中教师。之后，懂得了"教师要上层次，教育科研必须得有作为"的道理，于是继续自学钻研。1995 年至今，陶老师已经在公开刊物上发表学术论文 113 篇，主编或参编了教学参考书籍 7 部，参研教育部"十五"规划课题 1 项，并获得全国优秀教师、中学数学特级教师称号，还荣获了苏步青数学教育奖。

　　陶老师的经历告诉我们，教师的成长得靠自己不懈的学习。只有广泛地学习，我们的思路才会开阔，我们的教学也才会因知识的纵横联系而变得得心应手。

　　学而优则师。想成为骨干教师，必然更离不开学习。让学习成为伴随我们终身的生活习惯，成为我们人生旅途所必须经历的精神跋涉。

做知识的富豪

苏霍姆林斯基说："教师的知识越深湛，视野越宽广，各方的学科知识越宽厚，他就在更大程度上不仅是一名教师，而且是一名受欢迎的教育工作者。"作为一个老师，只有功底深厚，厚积而薄发，驾轻就熟，才能征服学生，并且最大限度地激发起学生对知识、对科学的深厚兴趣，才能得到学生的认可，成为受学生欢迎的教师。教师功底深厚，学生就会把你看作"权威"，从而深深地"崇拜"你，感到你那里有取之不尽的知识。这种"崇拜"，能激发巨大的效应，使渴求知识的学生产生坚忍不拔、百折不挠、孜孜不倦地追求和敢于创新的精神。

古今中外，教师职业都被看作是一项神圣而崇高的事业，被寄予了很高的期望和无限的崇敬。古代大教育家荀况有云："国将兴，必贵师而重傅；贵师而重傅，则法度存。"别林斯基说："教育者多么伟大、多么重要、多么神圣，因为人的一生幸福都操纵在他的手中，青年人往后的一切发展成就，直接影响着他的，都以过去各种原始印象，起着强烈的作用。"从中可见，教师对于社会的进步和个人的成长成才起着至关重要的作用。

"学高为师，身正为范"。"学高"和"身正"是教师执业的资本，以期在学生中维护自己在知识、品德等方面的权威地位。而这在当今时代尤甚。当前随着中国全面建设小康社会步伐的推进、教育理论和实践的发展，包括网络在内的教育技术的更新、道德观和价值观日趋多元化等问题的出现，对教师队伍素质的不断提高提出了更加现实而迫切的要求。从现在的情况看，教师拥有"一桶水"远远不够了，教师应该是"一条奔腾不息的河流"！这就要求教师学为人先，与时俱进，生命不息，学习不止，做适应时代要求的知识型教师。

对知识的掌握上，骨干教师要永远抱着不知足的态度，而且要时刻扩展自己知识面的广度，以备教学中的不时之需。

一、树立终身学习的理念

终身教育、终身学习，是当今世界的主流和未来教育发展的方向。作为教师，更是应该将此树立为终身的奋斗理念，而这个理念也同时对于教师具有特殊的意义。教育是培养人的活动，主要目的是多出人才、出好人才。

而教育的对象是常新的，每一批的学生都有所不同，每个学生也都有自己的特点，这就要求教师要对教学方法不断进行调整；教育的内容也是常新的，日新月异的科技进步和社会发展对教学内容不断注入新的成分。不进则退，慢进也是退，教师一生都始终处于学习和完善的过程之中。

因此，教师们必须更新观念，必须意识到终身学习时代已经到来，必须不断更新自己的知识和能力，因为单凭原来的知识已很难适应信息社会对教育的要求。

二、教师要努力拓宽自己的知识面

拓展知识面，加深对自身专业及相关学科的钻研并能将所学知识融会贯通。当今社会是个"知识爆炸"的社会，知识总量呈几何倍数增长，同时，随着现代教育技术的更新尤其是网络媒体的崛起，学生获取知识的渠道远远不止课堂教学一种形式，教师如果要维护其在知识上的权威地位，并能在学生人生观、价值观的形成方面正确引导学生，必须不断加强学习，另外，各个学科理论和实践都处于不断发展之中，需要教师不间断地学习自身专业及相关学科，以增强对学科的理解、组织、解释能力和水平，这将直接提高教学质量。

三、教师要加强教育科学、心理科学、信息科学和人文科学的学习，并在此基础上提高对以上学科的整合能力

现在推行素质教育，不管是高等教育还是基础教育，都非常关注学生的自主性学习、研究性学习和创造性学习能力的培养，都在提倡培养学生敢于质疑、敢于挑战和敢于超越的个性品质。但是，如何培养学生的这种宝贵的个性品质？美国现代教育心理学家奥苏泊尔认为，教师引起学生学习的智力、激情和内在动机的自我投入程度，是影响学生学习的首要因素。在教学过程中，骨干教师必备的包括亲和力在内的教育智慧能够最大限度地包容学生的个性，激发学生的潜能，引导学生的兴趣，培养学生的探索精神、研究性倾向及自我教育能力，而教师这种教育智慧正是将以上几种学科有机整合所外现出来的。因此，教师必须加强以上几个学科的学习，并在实践中将其有机整合，在教育教学中更好贯穿启发教学的教育思想，既体现学生的学习主体地位，又确立教师教育的主导地位，使两者相应，相得益彰。

四、骨干教师要善于向周围的人学习，包括向学生学习，并善于自省和自我教育

谦虚谨慎是中华民族的传统美德，更是骨干教师应该具备的优良品格，要想是自己成为品格高尚的、完美的人，除了向书本学习外，还要注意向周围的人学习，甚至不耻下问。要时常提醒自己是一名骨干教师，要行为示范，高标准严格要求自己，带着无限的爱心和责任感做好育人的工作。在自我知识积累中，可以从以下几个方面入手：

1. 在总结经验中提升自己

教师专业发展是一个不断积累提高的过程，教师的专业技能更多是一种实践的技能，这样的技能更需要在教育实践中形成和发展，但相同的教育实践对不同教师的专业发展带来的影响并不同，教师在实践中的提高很大程度上决定于本人对实践的反思，决定于是否善于不断在经验中提高自己。教材是文本，是传承文化的有形载体，课堂就是教师、学生、文本之

间对话的场所。让充满灵性的人与静态的文本碰撞出智慧的火花，是教师应该追求的目标。

2. 在师生交往中发展自己

教学是一种双向互动的活动，在这种互动中不仅学生获益，教师本人也得到提高。教师的教导使学生得到发展，而学生提出问题和要求，又促使教师继续学习、不断进步。有不懂的问题，教师也不要太过受挫，应勇于承认自己的无知，要建立一种师生学习的共同体，在师生交往中与学生同时提高，在发展学生的同时，自身的专业也得到发展。

3. 在借鉴他人中完善自己

教师的专业发展需要不断吸取别人的经验，需要借鉴和学习别人的成果。教师专业发展必须善于利用现代信息手段，要学会欣赏和借鉴别人的创造，只有这样才能适应时代的要求，促进自己的更快发展。

4. 在理性认识中丰富自己

现代教师的工作早已超越了经验阶段，教师的工作需要经验的积累，更需要在理论指导下的教育实践活动，没有一定教育理论基础就难以胜任现代教师的工作，这无疑也是现代教师需要专业化的重要原因。教育理论是对教育实践活动的理性认识，没有教育理论指导的教学实践不可能实现教师的专业化、优秀化。

几乎所有的学生都喜欢和敬佩有能力、有本事的教师。骨干教师应当精通所教的学科，了解本学科的历史和发展，以及正在进行的研究或已取得的成果。如教数学的就应对《九章算术》有所了解，其相当完整的分数理论比欧洲同类著作约早1400年；对陈景润攻克哥德巴赫猜想到吴文俊的"拓扑学大地震"也应知晓，这无论是对学生进行爱国主义教育或素质教育，还是作为一个数学老师的知识储备，都是很有必要的。

就像苏霍姆林斯基说的那样：不但要做个好老师，更要做个层次更一级的教育工作者。作为一个老师，只有功底深厚，厚积而薄发，驾轻就熟，才能征服学生，并且最大限度地激发起学生对知识、对科学的浓厚兴趣，其威信才能深深地扎根于学生的心灵之中。做一个知识型的老师，不仅仅在于表现自己，其最根本的是要把自己的知识最终变成学生的知识，

第三章 学习的脚步永不停歇

刻苦钻研，提高学生发现问题和解决问题的能力。

　　教师功底深厚，学生就会把你看做"权威"，感到你那里有取之不尽的知识。这种"权威"激发的巨大效应，就能使渴求知识的学生产生坚忍不拔、百折不挠、孜孜不倦地追求和敢于创新的精神。所以说老师具有丰富的知识，要比抽象的说教和貌似威严的训斥要强得多，学生心目中的威信是学富五车的长者，而不是知识浅薄的"严师"。

　　　一次联欢会上。老师和学生一起做"转盘游戏"，规则是转盘指针指向谁，谁就抽签解答签上的问题。当转盘指针指向这位老师时，他抽出一张签，内容是：请你唱下面的乐谱，并说出它的歌曲名称。这时主持人略有担心地小声问道："老师，您行吗？是不是给您换一张签？"因为主持人知道这位老师并不是教音乐的，怕老师在学生面前尴尬。

　　　老师的回答却令他出乎意外："我试试吧。"老师定了定神，然后流利地把上面的乐谱唱了下来，并说出这首歌的名称。说完，教室里响起了一阵掌声，学生们流露出崇拜和赞赏的眼光。

　　骨干教师就是体现在教师对自己各方面知识和素质的较高期待和要求上，不单单对自己所学的专业要熟悉、掌握，对其他方面的知识也要全面了解。

　　而学生们也是更喜欢和知识渊博、有亲和力的教师打交道。现在的学生不会因为你是教师便信任和尊敬你，而是会根据教师的学识多少再采取不同的态度。孩子年龄越小，他们对教师的期望就越高，他们认为老师无所不能，简直把教师当成了百科全书，随时都准备了无数个"为什么"，一有机会就会问个不停。如果教师并不是如他们想象的那样充满智慧，而是一问三不知，他们就会非常失望，这位教师也就很难被学生所接纳。

　　所以，教师要完善自己的知识结构，如果只限于自己所学专业那一部分知识，不及时地用全新的教育理论充实头脑，不主动地去丰富自己的知识储备，那么很快就会落后于这个时代，无法适应未来的发展变化，也就无法再有资格做一名优秀的教师。

所以，在知识面前，教师一定要使自己成为一个富有的人。

新形势下，教师需要不断地努力充电，刻苦钻研，不管是本专业还是其他专业，都要争取把知识的掌握做到"精"和"博"。如果在知识面前，自己都抬不起头来的话，也就别谈什么"传道、授业、解惑"了。

我们看那些把教学活动搞得红红火火的教师，他们无一不是学问精深的代表。但学问精深的教师却不一定是教学成绩明显，适应时代需要的教师，这固然与前边提到的观念的转变至关重要，同时也与教师知识是否广博密切相关。教师一方面要具备专业学科知识，同时还应具备新时代、新形势下一些快速更新的知识。现代社会，知识更新的速度是前所未有的，教师如果对新知识、新信息一无所知，那就会成为一潭死水，就会被社会淘汰。

第二章　学习的脚步永不停歇

第四章　做情绪的主人

为一点不顺心的小事就会长时间的焦虑不安、坐卧不宁。你曾经有过这样的经历吗？

受到学校领导的批评后失去承认失败的勇气，甚至不愿上班？

和同事发生矛盾争吵后，气得罢工、罢课，扔下等待上课的学生们不管，一走了之？

遇到不听话的学生，就控制不住情绪地把他赶出教室，让其面壁思过？

像这类"犯规"的举止，偶尔一次还不要紧，如果经常这样，可就要小心了！因为不知不觉中，你已经成了情绪的"奴隶"，陷于情绪的泥淖而无法自拔。久而久之，就会被自己养成的洪水猛兽所吞噬掉。

远离教师职业倦怠

"职业倦怠"是美国临床心理学家费鲁顿伯格于 1974 年首次提出的一个概念，是职业压力的一种，指在职业环境中，对长期的情绪紧张源和人际关系紧张源的应激反应而表现出的一系列心理、生理综合症。而教师职业倦怠是指教师在经受持久压力体验时情感、态度和行为的某种情绪衰竭状态，典型症状是工作满意度低，工作热情和兴趣的丧失以及情感的疏离和冷漠。

众多研究表明，职业倦怠作为一种心理现象，在教师队伍中普遍存在。它已经成为了教师在培养成为骨干教师过程中的一块绊脚石。据一项"中国教师职业压力和心理健康调查"的调查结果显示，被调查的教师中，有 86% 的教师经历轻微的工作倦怠；58.5% 的教师经历中度的工作倦怠；29% 的教师经历程度较重的工作倦怠。

请看中国教育在线成长论坛曾经做过的一个专题讨论"老师，你离快乐是近还是远？"回帖很多，现摘录几则：

1. 无人感到工作中的快乐

叙述者曾参加过本市中小学骨干教师培训，20 多位来自市内各中小学校的教师倒尽了苦水，抱怨连天，居然没有一位教师能够感到工作中的快乐。"每天早上一睁开眼，就想着肩头的重任，想着无休无止的工作。"他们开玩笑说："马路上面黄肌瘦的有两类人，一类是学生，一类是老师。"

2. 考试让老师无法喘息

不必讳言，现在的老师是越来越难当了，周考、月考、期中考、期末考、单元考、章节考、学段考、模拟考等种种堂而皇之的检测让老师们难有喘息的机会。一旦考"砸"了，工资要扣，奖金没份，晋级不成，评优没名，还要在校长负责制、教师聘任制的旗号下，"待岗"接受业务培训，做书面检讨，老师们脸面尽失，苦不堪言。如此这般，老师们只有绞尽脑汁废寝忘食夜以继日地把自己燃成"蜡烛头"，用牺牲自己的健康和亲情来成就辉煌的教育"业绩"。

一、教师职业倦怠产生的不良影响

导致教师产生职业倦怠的原因各不相同，其不良影响却是显而易见。主要体现在教学质量下降、人际关系紧张、造成自我身心伤害等方面。教师身心疲惫，对学生的观察、教育能力就会在无意识中降低，随之而来的是教育、教学方法的不灵活甚至出现失常，工作能力下降，教育教学工作效率降低，最终导致教学质量下降。教师与学生摩擦增多，情绪充满忧郁和攻击性，甚至使用急躁的行为、粗暴的体罚来对待学生，不但会给学生带来难以弥补的伤害，还会对教师自身造成身心伤害，轻则工作态度消极，得过且过，重则引起神经衰弱等心理、生理疾病，最终直接影响自己的身心健康。

就教育而言，职业倦怠是成为导致教师厌教、教育水平不高甚至人才资源流失的重要原因，最终将引发教育质量下降。

因此，教师职业倦怠问题应引起我们教育界的高度重视。尤其是对于那些准备上升为骨干教师行业的人来说，职业倦怠问题更是不可回避的。

二、要对抗教师职业倦怠，需要了解教师职业倦怠的成因

由于教师工作的环境是相对复杂的，所以，教师职业倦怠的成因是多样而复杂的，但就其共同的方面来分析，主要有学校、社会、教师自身三个方面的原因：

1. 学校方面的原因

（1）工作时间过长

有关调查表明，我国中小学教师人均日工作时间为 9.67 小时，比其他岗位一般职工平均工作时间多 1.67 小时，睡眠时间少 1 小时，娱乐时间少 0.5 小时。从现实来看，目前中小学教师的工作时间要多于 9.67 小时。尤其是考试学科的教师，承受着考试和升学的巨大压力，为了适应考试的要求不惜利用一切可以利用的时间备课、补课，甚至抢课，正常的 8 小时工作已不足以满足"考试"大任的需要，教师们就牺牲节假日、正常的休息、娱乐时间。日复一日的不停劳作，怎能不倦怠？

（2）管理制度僵化

长期以来，学校管理制度中的偏差现象一直困扰着教师的职业发展。有的学校实行严格的"教师坐班制"，并实行刚性的监督管理，许多教师感到身心疲劳、极度压抑，创造激情受到了极大的挤压，自尊心受到了严重的践踏。有的学校采用"末位淘汰制"、"转岗制"、"待岗制"等，给教师带来持续不断的紧张感，加重了教师的精神负担。

（3）评价标准偏颇

时至今日，合格率、优秀率、升学率仍是衡量教师工作的唯一标准。大多数学校仍把学生的考试成绩作为考核教师的重要依据。至于学生良好品德的养成、健康人格的培养等则很难进入评估体系。这样的评价标准造成教师间的不良竞争，影响了教师自我价值的实现。在教学评价中，以学生的发展为标准的评价体系占大部分比重，教师自身的发展程度评定只占很小一部分。这种独立于主体之外的外部评价方式，不同程度湮没了教师职业自主性，使教师合理的个性得不到应有的尊重，自然而然地产生对所从事的职业的倦怠。

（4）人际关系失调

学校是一个复杂的社会组织，它对个体行为既有助长作用，又有削弱作用。紧张的校园人际关系是诱发教师职业倦怠的原因之一。校园人际关系失调首先表现为同事之间的关系紧张。学科间激烈而残酷的竞争使得教师与教师之间沟通难，易误解。不和谐的人际关系使得一些教师产生孤独

感，疏于同事交往。其次是师生之间的矛盾冲突时有发生。个别品德不端、学业不良的学生对教师的教育持对抗情绪，有的甚至对教师怀有敌意。无形之中增加了教师的工作难度和工作压力。

2. 社会方面的原因

（1）社会期望过高

从古到今，教师职业一直被视为崇高的职业。传统文化中的"天地君亲师"、"国将兴，必贵师而重傅"把教师推上了极位。当今时代，社会把教师尊为"人类灵魂的工程师"，给教师贴上了神圣的标签；人们把教师比作太阳、园丁、蜡烛，其中包含着人们对教师的种种期待。尤其是独生子女社会加之就业难的现状，使家长对孩子的期望特别高，而他们又将这种期望寄托在学校后转嫁到教师身上，认为"没有教不好的学生，只有不会教的教师"，给教师涂上了一层理想化的神圣色彩。社会的高期望加重了教师的心理负担，使教师产生程度不同的压抑感。

（2）经济收入偏低

近年来，国家采取了一系列措施提高教师的工资待遇，使得教师的经济地位有了显著的提高。但同其他吃财政饭的行业相比，教师的收入仍然是偏低的，尤其是中小学教师。大部分中小学教师的收入都低于同期参加工作的其他人员，这里还没有计算教师收入的含金量。2005年4月北京理工大学对北京中小学教师生活状况的调查表明，有75%以上的中小学教师工资在1001～2000元之间，教师普遍认为，自己的收入与当地居民收入相比，处于"中等"及"中等偏下"的水平，其中选择"中等偏下"的比例高达45.1%，选择"中等"的比例占42.3%。低微的经济收入使一些教师对自己的社会地位产生焦虑，有的感到心力交瘁，有的则心绪不宁。

（3）舆论压力较大

当教师被人们推上神坛的同时，也成了祭坛上的牺牲品。社会一面赞誉教师的"红烛精神"、"春蚕精神"，一面又要求教师"恪守师道"，若有半点闪失，便受到社会舆论的谴责。一些媒体对教师在教育教学中出现的某些问题往往不恰当地进行大肆渲染，无限泛化。一些家长把教育孩子的责任全部推到教师身上，动辄指责教师，有的甚至上访、上诉。教师在

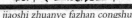

一些人的眼里成了嗤之以鼻的嘲讽对象，成了任人宰割的代名词。在这种情形下，教师被放逐于尴尬的境地，忍受着多方面的烦扰。

3. 自身方面的原因

（1）对自身要求不切实际

许多教师认为教师必须在学生、家长甚至社会人心中保持一个"完美"的形象，认为这是教师职业的必然要求，因而这些教师往往对自己提出不切实际的要求，有的甚至要求自己成为一个"完美主义"者。这样，使得他们常常在无意识中压抑和否定自己的正常要求以满足职业需要。然而，美好的愿望常常与客观现实产生冲突，一旦出现差错，这些教师内心的自我谴责往往强烈而持久。事实表明，对自身要求越高，其自身的压力也就越大。持久的压力势必导致倦怠的产生。

（2）心理素质不过硬

压力过重导致使教师的心理素质越来越差。烦躁型、情绪易失控型、面对压力胆怯型等种种的不良心理层出不穷。总体表现为消极、情绪波动大。

（3）自我效能感不高

自我效能感是个体对自我能力的知觉和判断。自我效能感可以影响一个人的行为动机。高自我效能感的教师对于自己的能力有信心，常设计较高层次的目标，对教学活动更投入。而低效能感的教师倾向于选择较容易的任务，遇到困难容易放弃，在工作时常常怀疑自己的能力，常常设想失败带来的后果，这就会导致过度的心理压力和不良情绪反应，致使职业倦怠的产生。

三、应对教师职业倦怠的对策

根据上述对中小学教师职业倦怠的成因分析，我们教师可以试用以下几个策略来应对：

1. 建立良好的学校支持系统

实践证明，良好的学校支持系统能有效预防教师职业倦怠的发生。因此，学校应从以下几方面作出努力：

（1）确立先进的管理理念

随着社会的飞速发展和教育改革的不断深化，过去对教师的纯制度化刚性管理已远远不合时宜，新形势下的教育要确立先进的管理理念。学校管理者在管理过程中，要坚持以人为本，实行人性化管理。要关注教师的成长与发展，为每一个教师提供发展的机遇，帮助每一个教师体验发展的乐趣；要关心、爱护、尊重、理解教师，满足教师的物质需要和精神需要；要赋予教师更多的专业自主权和自由度，增强教师的主体意识；要实行民主开放的管理模式，在制定规划、目标以及各种制度时，要充分听取、接纳、采取教师的意见和建议，调动教师的主人翁意识，从管理层面上铲除滋生教师职业倦怠产生的土壤。

（2）建立科学的评价体系

考核教师工作，不应以分数为唯一尺度，要综合考察，兼顾教师平时的工作态度、工作状态、师德修养、教育教学科研等，促进教师全面健康和谐发展，实现自我价值；要建立发展性教师评价制度，激发教师的自我发展要求；要建立公平合理、赏罚分明的激励机制，充分调动教师的工作热情和积极性，防止懈怠情绪的产生。

（3）建立和谐的人际关系

和谐愉悦的人际关系可以提高教师的工作生活质量，有助于教师之间公平公正的交往，减少人际消耗与冲突。在教师感觉倦怠的时候，同事之间的相互支持往往会起到十分明显的作用。因此，学校要协调教师间建立良好的人际关系，要通过组织开展多种多样的教师合作、交流活动，促进教师间的交往，增加教师间的亲和度，改变教师职业孤独感；领导与教师之间要多一点理解、信任和沟通，少一点埋怨、猜疑和指责；教师与学生间要建立平等民主的师生关系，努力营造一种尊师爱生的氛围，从而舒缓教师的人际压力，缓解职业倦怠。

（4）提高教师的专业素养

提高教师的专业素养是克服教师职业倦怠的基本手段。克拉克认为专业的不足是教师职业的主要压力源。因此，学校应加强教师的专业知识和专业技能的学习。要充分利用校内各种资源完善教师的自我培养、提高体

系，通过各种方式优化教师知识结构，为提高教师专业权威提供保障。如采取"传、帮、带"，进行各类观摩教学和学术交流，加强网络建设等来拓宽教师专业视野；利用校外各种资源，进行各种形式的师资培训，如短期函授、脱产进修、学历考试、专题报告等形式，以满足教师职业生存和职业发展的需要。

二、建立良好的社会支持系统

根据教师职业倦怠的成因分析，社会外部环境是职业倦怠产生的主要原因。因此，职业倦怠的缓解策略应侧重于调控社会外部环境的不利因素，建立良好的社会支持系统。

1. 提高教师的社会、经济地位

提高教师的社会、经济地位是解决教师产生职业倦怠问题的有效途径。首先，各级政府要把尊师重教落在实处，在全社会掀起一个尊重教师的"教育热"，以切实提高教师的社会地位。其次，政府部门要采取有效措施，切实提高教师的经济收入水平，要根据经济和社会的发展，对教师的经济收入水平加以调整。

2. 对教师建立合理的期望

社会对教师职业期望不宜过高，要充分认识到教师也是一个普普通通的人，是一个追求完善的"常人"，是一个具有多种个性和生活方式的多面体。要以一个普通人的身份来对教师加以考察。教师管理部门和新闻媒体应对教师职业角色进行合理的定位，要做好对普通公众的正面引导。学生家长应对教师职业给予合理的期望，以减轻教师的职业压力和心理负荷。

三、依靠教师自身的努力

研究表明，预防和缓解教师职业倦怠，主要靠教师自身努力。

1. 维护心理健康

职业倦怠的产生往往与不健康的心理有关。因此，对自身心理健康的维护是减少心理挫折和职业倦怠的根本途径。首先，培养积极的自我意识。教师应走出教师"完美形象"、无所不能的思维误区，清楚了解自己的优缺点所在，正视自己的喜怒哀乐，不自我为难和自我拒绝，不过分苛求外部环境，以避免因现实与理想之间的差异而造成的心理冲突。其次，运用积极的心理暗示。积极的暗示能增进和改善人的心理、行为及机体的生理功能，帮助个体稳定情绪，树立信心及增强战胜困难和挫折的勇气。教师在工作中，难免与领导、同事及学生发生一些不愉快的事情，它会使教师受到打击而自抱自怨、退缩、逃避或走向极端，陷入倦怠。这时要用言语反复提醒自己，进行自我暗示，促进自己乐观向上，善待生活，充满激情，从而远离倦怠。另外，及时宣泄自己的不良情绪，遇到烦恼，不要闷在心里，更不要钻牛角尖，可找几个知心朋友谈谈心、聊聊天，或参加一些健康有益的文体活动，促进心理平衡。

2. 改善人际关系

研究表明，良好的人际关系与低教师职业倦怠呈显著正相关。良好的人际关系可以使教师获得良好的社会支持。教师应努力形成正确的人际交往知识，恰当把握在交往过程中的中心地位，遵循交往中的平等原则，掌握基本的人际交往技能，真诚对待交往对象，从而改善人际关系，获得良好的社会支持系统，通过社会支持来缓解压力，降低职业倦怠。

3. 提高综合素质

教师的职业倦怠的产生往往与不能很好地应对教育教学中出现的困难有直接的关系。提高自身的综合素质，能有效地防止和抑制职业倦怠的产生，尤其对刚参加工作的年轻教师来说，这一点显得尤为重要。因此，我们应不断提高自身的综合素质，促进自己持续发展，快速成长，为自己的职业发展奠定坚实的基础。

快乐起来吧，骨干教师就应该是快乐教师。先快乐起来就能自然而然地摆脱了教师职业倦怠。

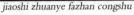

心病还要心药医

2003 年 11 月 12 日下午，北京市某小学四年级音乐课上。一位姓许的男老师教学生学习音乐的 8 个音符，许老师多次领读后便让每个学生轮流发音。当轮到一名叫路路的学生发音时，有几个音符他发音不准。尽管许老师多次纠正，他依然不能正确发音。当时许老师特别着急，许老师越着急，路路就越心慌，越心慌就越发不准。最后，许老师非常生气地让路路打自己嘴巴两下，不听响还不行，以增长记性。当时路路没有动手，许老师更加生气了，上前打了他两个嘴巴。之后，又有 7 名男学生因发音不准被罚打嘴巴。有的同学打了自己嘴巴一下后嫌疼不打了，许老师便上前补抽一嘴巴。后来许老师被停职。

2003 年 4 月 12 日，按照学校的要求，重庆市一名叫丁婷（化名）的学生应于上午 8 时到校补课，但未按时到校，其班主任汪宗惠询问她迟到的原因，用木板打了她，并当着某同学的面对她讲："你学习不好，长得也不漂亮，连坐台都没有资格。"12 时 29 分左右，丁婷从该校中学部教学楼 8 楼跳下，经抢救无效，于当天中午 12 时 50 分死亡。经重庆市渝中区人民法院审理一审宣判，被告人汪宗惠犯侮辱罪，被判处有期徒刑 1 年，缓刑 1 年。

教师暴力现象屡见媒体报道，教师暴力现象是明显违背教师的职业道德的，但为什么屡屡发生？这些教师没有接受过职业道德教育吗？我们的教师对学生"恨之入骨"吗？应该说都不是。我们认为大多数后果严重的恶劣的体罚事件，主要原因和教师的心理健康状况有密切关系，不少教师由于承受各种压力，学校对考试成绩的压力、家长的压力、自身发展的压力、生活的压力等，压力过大，又不能找到恰当的方式释放和缓解，不能积极地进行自我调节，久而久之，积累起来，发展成心理的问题，教师就很可能把自己的不幸转嫁到学生头上，把学生当做发泄不良情绪的出气筒。有些心理不够健康的教师对学生的态度过于严厉，以过度惩罚的方式来获得心理上的成功感和平衡感，极易导致和学生之间的矛盾，一旦发生有学生不听自己的话，违反纪律，平时积聚在内心的压力和火气就会一股脑儿迸发出来，很容易做出难以控制的不理智行为。

控制不住不良情绪的教师对学生身心造成的危害，从某种意义上来说远远超出其能力低下对学生学业所造成的影响。心理不健康的教师只会源源不断地"制造出"心理不健全的学生，甚至会酿成学生整个人生的悲剧。教师心理健康是培养青少年心理健康的必要前提，也是成为骨干教师的心理前提。那么，该如何维护教师的心理健康呢？

俗话说："心病还须心药医。"要维护心理健康，还得从"心"开始。

1. 正确的自我认识是心理健康的基础

心理学研究发现，尽管许多人认为对自己是了解的，但事实上他们并没有很好地了解自己。他们或是对自己估计过高，过于自信；或是对自己估计过低，过于自卑。这两方面都会使人丧失适合自我发展与成功的机会。因此，要学会从多方面、多途径了解自己，要学会从周围的世界中提取有关自我的真实反馈，避免由于自己的主观理解带来的误差。

对待自我正确的认识是一方面，另一方面还有接纳自己或自我接受问题。一个缺乏一定程度的自我接受的人，绝不可能有其真正的成功与幸福。人无完人，每个人难免存在一些不足和不完善的地方，例如：容颜、身材、才能及财产等，自我接受也就是既承认自己的优点，又接纳自己的缺点。许多人出现心理问题或心理障碍，其基本问题就出在"自我"的观念。一种认为真实的我不完美，因此排斥它、憎恶它。他们想创造一个虚

构的、理想的自我来取而代之，结果使自己的心理受到伤害。另外一种是过分夸大自我形象，认为自己是最完美的，结果无视一切，有恃无恐，这样在现实社会生活中就会到处碰壁，因而造成更深的自我伤害。正确地处理好自我接受的主要方法是：一是要有适当的抱负水平，尽可能使自己的能力与现实接近；二是比较的标准要广泛，避免用自己的短处与别人的长处比较，否则自己就会陷入更深的痛苦。

2. 学会调适情绪，积极管理压力，保持良好情绪状态

不良情绪是谁都不可能避免的，因为人与人之间的矛盾随时随地都可能发生。在生活中谁都会碰上不顺心的事，都会经历挫折失败，都会产生烦闷恼怒、悲怨焦虑，惊慌恐惧等消极的情绪，因为人是有感情的。生活中时时处处充满鲜花阳光的人是不存在的。教师也是人，遇到打击、挫折、不如意的事不生气、没情绪是不可能的。

能够成为一名教师都是对心理学有一定了解的人，骨干教师就更应该是一个能用理智驾驭情感，而不做情感俘虏的人。因此，以学会调适自己的情绪来提高心理健康的水平是一个想要成为骨干教师所应该必备的素养。常见的调适情绪的方法有以下几种：

（1）及时调适

人们的一些消极情绪、心病，如果不能及时排遣、解脱，久而久之也会郁积成为"心灵结石"。"结石"越来越多，心理就会不堪重负了，所以要及时调适。

（2）转移

把对某一对象的情感或态度转到可以接受的对象身上，减轻精神负担。对于某些难以解决的事情暂时避开。

（3）升华

"升华"最早是心理学家弗洛伊德使用的，他认为可以将人的一些本能的行动，如性欲或攻击的内驱力等一些不为社会所认可的动机或欲望导向、转移、提高到比较崇高的方向，以社会所接纳、赞许的方式表现出来，使其具有创造性、建设性，理想化，叫升华。替代目标比原来的目标在社会和文化方面的价值更高。这是一种具有建设性的心理防御机制。

第四章 做情绪的主人

（4）合理化

当个体的动机未能实现时，可以尽量搜集一些合乎自己内心需要的理由，给自己寻找一个合理的解释，或者叫做积极的解释，以掩饰自己的过失或不能接受的东西，减轻内心焦虑的痛苦，化解心理冲突，维护自尊免受伤害，树立信心和希望。

（5）合理宣泄

在工作生活过程中，有时觉得"气"不打一处来，感到非常压抑，呼吸都困难，"气不顺""想发火"，心里难受，怎么办？别憋着，找个地方，找个值得依赖的人，敞开胸怀，"顺顺气"，把心中的苦闷宣泄、倾诉一番，言所欲言，全都释放出来，进而消除心理压力。

当然要合理宣泄，不可以过分宣泄，以不伤害自己和他人为限度，要考虑时间、地点、方式、对象。

（6）主动运用语言调节与控制自己的情绪

教师要运用语言调控自己的情绪，因为语言活动可以通过思维使人把头脑中一些模糊的东西比较清楚地意识到。当产生消极情绪觉得不舒服时，要勇敢地面对，仔细想想，然后问问自己"我现在有什么感觉？我现在的情绪如何？我为什么难过？我为什么会生气？我怎样做才能不生气"等，用语言把自己的情绪说出来；当特别愤怒，要失去理智时，马上运用语言自我提醒"生气、着急并不能解决问题，反而会激化矛盾，把事情搞糟"等，先用语言控制住自己过强的情绪，抑制冲动，使自己保持情绪的镇静，再慢慢降低激情的强度，使情绪逐渐趋向平衡、正常。

3. 用理性来制压不良情绪

用积极、现实的理性信念替代绝对化的非理性信念是调节不良情绪和行为的关键。建议采用下列步骤来实施这一改变过程：①确认产生烦恼的事件；②回顾事件发生时自己的每一个念头，看看它们是如何影响自己的，从中找出不合理信念；③用积极、现实的陈述抵抗不合理、消极的信念。

在实施过程中，可以采用如下一些具体的方法：

（1）理性信念辨析。向学生对自己、他人以及周围世界的非理性信念

提出质疑，通过辩论动摇他们的这些非理性信念，进而用合理的信念取代。

（2）认知家庭作业。对非理性信念提出质疑从而使学生改变非理性信念需要一个过程。布置认知家庭作业，就是为了促进来访者在面谈咨询以后，继续进行思考。

（3）合理情绪想象。通过想象来体验自己所不适应的情境，用想象来替代现实，然后再去适应现实。其关键是用理性思维指导想象中的行为，用认知去指导行为、调整情绪，从而逐步消除负性情绪，使积极情绪状态占据主导地位。

4. 心理减压法

你有没有感到快要被逼疯了，来自工作和家庭的压力让你喘不过气来，那么在压力威胁到你的健康之前，想想办法，营救自己吧！

（1）一次只担心一件事情。

（2）每天集中精力几分钟。比如现在的工作就是把这份报告打好，其他的事情一概抛在脑后，不去想。在工作的间隙，你也可以花上20分钟的时间放松一下，仅仅是散步而不考虑你的工作，仅仅专注于你周围的一切，比如你看见什么，听见什么，感觉到什么，闻到什么气味等。

（3）说出或写出你的担忧。记日记，或与朋友一起谈一谈，至少你不会感觉孤独而且无助。

（4）不管你有多忙碌，一定要锻炼。

（5）不要太严肃。不妨和朋友一起说个小笑话，大家哈哈一笑，气氛活跃了，自己也放松了。事实上，笑不仅能减轻紧张，还有增进人体免疫力的功能。

（6）不要让否定的声音围绕自己，而把自己逼疯。别人也许会说你这不行那不行，实际上自己也是有着许多优点的，只是他们没发现而已。

（7）让自己彻底放松一天。读一篇小说，唱歌，啜茶，或者干脆什么也不干，坐在窗前发呆。这时候关键是你内心的体味，一种宁静，一种放松。

（8）至少记住今天发生的一件好事情。不管你今天多痛苦，多不高

兴，回到家里，都应该把今天的一件好事情同家人分享。

　　治疗心病并不困难，每当你就快控制不住的时候，看看学生们的眼睛，它对你是那么的充满信任；想想你的责任，是多么的责无旁贷。等到你真正成长为一名骨干教师的时候，回头再来回顾被不良情绪折磨得不堪重负的曾经，你就会发现，原来什么样的困难你都能克服掉。为你的勇气而骄傲吧！

合理宣泄更胜一味压制

教师，肩负教书育人的重任，被称为"人类灵魂工程师"，社会对之赋予极高的期望与评价。一般人心目中的教师是"和蔼可亲，平易近人，知识渊博，爱护学生，意志坚强，宽容大量，乐观开朗"的，构造出一个几近完美的形象。教师职业被形容为"春蚕到死丝方尽，蜡烛成灰泪始干"，教师为教育事业鞠躬尽瘁，是社会形成的一种共识，一种推崇。教师职业真正称得上是"早出晚归"的职业，而且教师的付出不能用价格去衡量，正如一位中学校长所言：教师对于教育事业所付出的心血与时间，是根本不可能用金钱衡量，也不可能用金钱补偿得了的。所以只能是说，他们是凭着对教育带来的热爱，是凭着对学生的热爱，是凭着一种对工作高度负责的责任感，而甘心情愿去做这一切的，这也是教师群体中默默形成并代代相传的优良传统。

教师的主流是好样的。教师是当之无愧接受"人类灵魂工程师"称号的。但教师是凡人，普普通通的凡人，不是人们心目中的神。教师也有苦也有乐，也有说不清、道不明的压力与烦恼。

现代社会竞争激烈，造成人们心理紧张，教师也不能避免，为了提高个人的素质和竞争力，教师需要不断地参加各种进修，应付多门考试。时代的进步，对教师提出高要求，这是社会发展的必然趋势，是无可非议的，但也逐渐成为造成教师心理压力、影响教师情绪的一个压力源。面对社会的高期望、高评价，教师自身对教书育人的一种期望却因在现实中受挫而不断起伏变化，两种不能吻合的期望也造成了教师的心理矛盾：是我教得不好，还是学生太难教？这个压力源有可能是主要的压力源。由于进入了信息社会，学生接受知识的渠道非常多，在其生理、心理发展的关键期，也更容易受到社会非主流的消极的诱惑，造成教师在学生心目中的权威地位下降，增大教育的难度。教师身为社会的一分子，还要处理来自社会的、家庭的等方面的事情，尤其对那些想要进一步提高到骨干教师行列的教师，受到的压力更大。

长期的重压下，容易体现在情绪方面的失调，诸如：对学生大声喝斥，对同事不予理睬，对工作没有干劲，甚至无缘无故对家人发脾气，教师本人也懊恼异常，有时会冒出避入深山老林的想法等。这些失调的情绪大大降低教师的工作效率，打击教师的信心，甚至使其产生生理疾病，再度加深教师内心的紧张，从而形成心理紧张和情绪失调的一种恶性循环。

与其放任不良情绪挤压到一定程度，不如寻找一些合理发泄情绪的途径和方法。

1. 调节认知法

许多压力源令教师心理紧张，产生情绪失调，其实，有些压力源自教师本人的认识角度，正所谓"烦由心生，心静而烦消"。例如"是我教得不好，还是学生太难教"，如此归因而产生烦恼的教师往往把注意力集中在事情的结果上面，即"学生没有达到自己的预期目标，自己是否浪费了教育资源"，而通过调整认知，把注意力集中在教育过程上面，"学生也许短时间见不到效果，但教育是一辈子的事，只要在将来能体现就可以了，而且，自己尽了力，在这过程中也得到了提高。"调整认知后，就能有效避免一些不良情绪的产生。

2. 倾诉

倾诉是一种简单易行，又行之有效的方法。为了维护自身的心理平衡，我们需要去寻找一个适当的人作为我们的倾诉对象，谈心，发牢骚，一吐为快，想哭就哭。在倾诉对象那儿得到共鸣，得到尊重，得到理解。"一份快乐，两个人分享，就变成了两份快乐；一个痛苦，两个人承担，就变成了半个痛苦。"心中积压的郁闷得以宣泄，不良情绪得到稀释，淡化，从而摆脱这种情绪的干扰，保持了心理的平衡。在许多城市里，逐渐出现了咨询室这

一机构，在学校里，也出现了咨询室，咨询员就是一个倾诉对象。

小刘是学校新来的语文老师，她有一个同事都不知道的秘密博客。每当在学校遇到了不开心的事情之后，夜深人静的时候都能把她的想法写到这个博客上。当然这里免不了牢骚。

网络是一个完全开放的世界，自己的苦恼与人分享，不仅自己得到了释怀，还赢得了很多网友的关心。每当小刘诉说完毕，总会有很多人在后面跟帖，或善意的劝慰，或热心地出谋划策，也不乏同是天涯沦落人的知音。不管方法有没有用，小刘都被网友深深地感动了，在工作上，无形中就充满了力量，觉得不再是一个人，还有一大帮网友在支持自己，早已将工作带来的苦恼和压力抛之脑后。

3. 娱乐方式和运动方式

在发泄情绪的途径当中，还有一种是通过消耗体能来释放出体内郁积的不良情绪。这就是娱乐方式和运动方式，例如唱卡拉 OK、打羽毛球、游泳、跑步等，这些发泄途径在青年教师中尤其常用。

张老师有一次面对沉重的课业和学生倦怠的学习态度时，心情一下跌入了谷底；面对学生们总也上升不了的分数，甚至产生了自己是否适合当老师的疑问。

那天，天空下着绵绵细雨，郁闷到了极点的张老师突然冲出办公室，在学校的操场上跑了起来，同时一边声嘶力竭地吼叫。很多老师和学生都被他的这一举动怔住了，大家都在心里问：张老师这是怎么啦？

十几分钟后，浑身湿透的张老师回到了办公室，脸上却带着灿烂的微笑。同一办公室的老师关心地问："小张，你没事吧？"张老师也不说话，精神抖擞地拿起教案走向了教室。

后来，同事们终于知道了张老师是在雨中宣泄自己的压力和情绪，并且效果还不错，于是很多老师也加以了效仿。最终，校长为了不让老师们在学生面前留下"发神经"的印象，还专门为教师开辟了一个"宣泄室"，有压力的教师既可以在"宣泄室"纵情高歌、大声吼叫，还可以在里面拳打脚踢、上蹦下跳。

从此以后，全校的老师都感觉自己的工作压力不那么大了，学校每天

都好像有新的惊喜在等待着他们一样处处都充满了希望。

在宣泄不良情绪上，国外更是尝试了更加大胆、激烈的方法。例如，成立"骂人"俱乐部、"挨骂"热线、"击打模型人"公司等。这些机构的成立都是为了让人宣泄情绪，把不良情绪释放出去，恢复积极情绪。虽然方法比较极端，不过却受到了广泛的欢迎。

合理发泄情绪没有技术要求，每个人都可以凭着自己的经验和借鉴他人做法来的方法，只要能调节自己的不良情绪，恢复对工作、生活都有帮助的积极情绪，就达到了目标。

缓解教师的工作压力不是一蹴而就的事情，它是一项系统的工程，也是一个长期的工作，需要教师长期不懈的努力。教师的职业压力不可能完全消失，但面对压力只要有一个正确的认识，努力去克服，从内心认识到缓解教师工作压力的重要性和必要性，就会把教师的工作压力降低到一个适当的度，进而转化为工作的动力。这样才能适应职业发展的需求，从而以不断的创新精神推动素质教育的发展。

压力对于老师来说是一个潜在的无形杀手，它潜伏在暗处，时刻观察着你，当压力存储到一定程度的时候，就会站出来杀你个片甲不留。所以说，有压力不足以使人畏惧。一点点小压力的时候，不妨努力把它转化成动力；多一点的压力，也不要让它肆意地在你身上挤压，不管用什么办法，一定要把它消化掉，要宣泄、不要压制。

如果压力积蓄过多，得不到宣泄，容易造成身心的紧张，这种紧张持续时间过长或强度过高，还可能造成身心疾病。因此，教师也应该选择合适的时候，用合理的方式宣泄自己的压力，切不可一味地进行压制。

宣泄并不是毫无理智地发泄情绪，而是有计划和理智地疏导自己的思想感情、欲望、冲动等。从科学角度来讲，人有郁闷、伤心、痛苦、生气等情绪时，应当宣泄出来，这有利于生理和心理的健康，也有利于减少和杜绝矛盾的产生与激化。

其实，一个人在宣泄自己的情绪时，要看宣泄的原因和方式，以及分寸。只要把握得当，就能起到"宣泄"情绪、减轻工作压力的作用。我们相信，正当的宣泄过后必然有阳光心情出现。

会工作，也要会生活

教师是人类灵魂的工程师，是太阳底下最光辉的职业。有许多人为自己走上教育岗位而陶醉，把满腔的热血、亮丽的青春都献给了教育。"为伊消得人憔悴，衣带渐宽终不悔"，无私奉献、无怨无悔，成了老师默默追求的信条。老师的眼里只有学校、学生、作业，看不到自己，淡漠了亲情，教师成了清心寡欲的超凡脱俗者。深夜凄风孤灯中朦胧定格的是教师批阅作业的身影，吊针刚拔下血渍新鲜就慷慨上班的是教师……

很多教师都把成为骨干教师当作自己的座右铭，因而整天忙忙碌碌，精神常处于紧张状态。常年忍受着劳累就一定能够成功晋升为骨干教师吗？如果为了成为骨干教师而变成了失去自我只会工作的"机器人"，你的教育生涯还有意义吗？

难道苦干与成功真的是成正比关系吗？

微软创始人比尔·盖茨就曾向媒体公开表示：他不赞成辛辛苦苦地工作，因为成功与辛苦工作没什么必然的关系。相反，运用高效率工作的快乐方法，能帮助人拥有更轻松悠闲的生活节奏，并从中获取更多的收获。也就是说除了工作之外，学会让自己愉快地生活也同样重要。他说："人生有两项主要目标：第一，拥有你所向往的；第二，享受它们。只有聪明的人才能做到第二点。努力工作，同时享受生活，我们每个人都应该这样。"

在我们的教学中，骨干教师的培养就真的那么难吗？工作与生活之间真的就那么难以平衡吗?

　　近年,随着社会经济的发展,生活节奏的加快,教师们越来越感到工作和生活的压力,根据网上的调查结果显示,有65%左右的人感到工作不快乐,身心疲惫。所以,"努力工作,尽情享受"的文化理念也越来越受到教育界的认同和倡导。

　　确实,伟大的教育事业需要老师赤诚的烧烤,需要老师血汗的浸润,否则,难以撑起冉冉上升的教育蓬勃!但是,教师不是圣人。难道教师注定要做个春蚕,吐丝方尽才能解脱?难道教师注定是个红烛,只有燃烧了自己才能照亮别人?难道教师注定是个苦行僧,一辈子辛苦劳碌才算是不辱使命?教师生来不只是吃苦、受累,要会享受生活!

　　既完成工作又享受生活是一种人生态度,只有人们从心中真正地接受了这种观点,才可能成为现实。

　　工作是生活的一部分,工作是为了更好的生活。一些人活着是为了工作,结果他连死都死在工作上,这是不应该提倡的。努力工作和良好的业绩并不是人生的全部,而保持工作与个人生活之间的平衡,精神饱满地工作与积极地生活是人类共同向往的目标。

　　过度的劳累工作可能会给你带来可怕的后果,最终会导致很多疾病,例如失眠、抑郁症、心脏病、溃疡和背痛等。这些疾病中的任何一种都可以使你立刻失去战斗力,甚至给你造成不可弥补的损失。对于我们珍贵的人生来说工作的出色完成当然值得肯定,但若是用自己的身体作为交换品、牺牲品的话就是可悲的了。

　　每天,你是不是任由疲倦、沮丧、烦闷包围着你?你对你的生活与工作感到无比的厌烦,简直有快活不下去的感觉?当你觉得疲倦、容易发脾气、动不动就对上司或同事发怒的时候,这就是你要休息的信号。

　　信号一旦接收到了,就要去寻找一些工作之外的东西,享受8小时之外的快乐。你可以通过参加一些丰富多彩的健身、娱乐活动来调解工作压力,拥有更加健康、平衡的生活,促进个人成长和能力发展,从而提高生活品质和工作绩效。这样做更重要的是能培养你积极的人生态度和阳光心态,把工作当作快乐的生活过程。

过度的压力和劳累常常使人身心受损。你一定要谨记，事业上的成功不是一朝一夕的事，一定要合理安排好自己的生活，确保工作和生活张弛有度。工作越是忙碌，越是应该学会见缝插针地"偷懒"，以便有足够的体能和极佳的精神状态，从容应对摆在面前的大小事务。

尽管有些人留出了休闲的时间，但他们的休闲时间大部分只是花在看电视上。这种休闲方式很不值得提倡，看电视是最消耗时间的消遣——看电视是取代社交活动，而不是参加社交活动，是一种消极的活动。除了看电视外，也有一些人以花钱购物、吃零食、到处闲逛等方式来度过他们的休闲时间。实际上，这些也是消极性的休闲。

那么，哪些才是积极性的休闲活动呢？比如写作、阅读、散步、参加社区活动等，这些都可以拓展个人思维和才能的活动，才是积极的休闲活动，它们能让人在生活中获得满足感。留有休闲的时间还不够，你还要知道如何去休闲、运动。

教师，需要一份静心教书、潜心育人的精神状态；教师，需要一份淡泊名利、志存高远的职业追求。为了让更多的教师能够感受职业责任，享受职业生活，提升生命品质，让我们在享受教师这个职业、骨干教师这个称号之外，还要享受我们的生活：

一、享受自由的思想

教师永远崇尚"独立之精神，自由之思想"。教师的尊严在于思想。教师用敏锐的视角观察社会，用独特的分析审视教育，凭着终生不变的执着，寻求教育的真谛，启迪稚嫩的心灵，探寻教育的本真。

二、传播知识的使命

人类的发展，需要知识的代代相传，知识的相传需要教育。教育给生命以尊严，给思想以智慧。传播知识、引导发展、激发潜能、培养能力，是教育的责任，也是教师的使命。

三、播洒师爱的阳光

如果说教师的灵魂在于师德，那么师德的灵魂就源自于师爱。教师以熠熠生辉的师德力量，用春风化雨般的师爱，以关怀的眼神，灿烂的微笑，还有那温暖的拥抱，滋润了一个又一个渴望知识的心灵。

四、体验教育的尊严

教育的尊严决定了教师的尊严，教师的尊严来自于学生的敬爱与崇拜。没有学生对教师的品德赞赏、学识折服和感情依恋，就没有教师的尊严，也就没有了教育的尊严。教师的尊严永远建立在学生的心中。

五、修炼专业的底蕴

学生永远敬重学富五车的大师，才高八斗的巨匠，腹有诗书的鸿儒。时代呼唤充满激情、勤奋学习的教师，呼唤知识厚实、具有爱心的教师，呼唤术业专攻、勤以修身的教师。

六、追求优秀的习惯

如果说平庸是一种习惯，那么优秀也是一种习惯。思想决定行动，行动决定习惯，习惯决定性格，性格决定命运。追求优秀，是教师职业的一种品质，也是教师应该具备的一种习惯。

七、激发心灵的力量

为师者，首要任务不是塑造人，而是打造自己的内心世界。拥有了健全的心灵，才能拥有强大的力量，才会培育出具有内在力量的学生，才会教导他们获得完整的自我发展。

八、感受工作的快乐

工作如果是快乐的，生活就是一种享受；工作如果是强制的，生活就

如何成为骨干教师

是一种苦役。以享受的心情去面对工作，用欣赏的眼光去看待学生，日复一日的忙碌生活也会因此变得快乐而丰富。

九、感恩生活的馈赠

以感恩的心，欣赏生活的馈赠，敬畏自然和生命，从失意处看到希望，在黑暗处发现光亮，以平等的眼光看待每一个人，以微笑面对每一次挫折，琐碎的工作也会处处充满了人性的温暖。

十、历练人生的智慧

在学生心中播种真善美的同时，教师收获着爱戴与尊重；在陪伴学生心灵成长的时候，教师也扩展着自己的人生境界。在年复一年的教书育人中，教师炼就了一个丰富精彩、无怨无悔的智慧人生。

何不打开自己的感官，每天给自己一小段闲暇时光，平素里再平凡不过的点点滴滴，只要你静下心来细细地品味，都有无限风光蕴涵其中。学生的小小进步，自己的成功教学，同事间的经验互换……都会成为品茗之余的回味。其实，妨碍教师享受生活的，是教师自己。如果不能阻止自己卷入纷争之中，如果不能时时去寻求生活的真谛，如果不能训练自己的感官去发现生活的美，那么你就无法享受生活。

所以，你除了要执著于工作之外，还必须拥有个人的生活空间——花时间去休闲、运动和享受。如果你能在工作之外也过着充实而满足的生活，你就能把这种好心情带入到工作中去。

总之，一个骨干教师，除了会工作，也应该要会生活。

第四章 做情绪的主人

莫让愤怒灼伤心

在人与人沟通极为频繁的校园中，学生的恶作剧、师生冲突等偶发事件，经常会把教师推向进退维谷的两难境地，使教师处于难以控制的消极情绪之中。可是教师的工作具有不可选择性，他们不得不与自己不喜欢甚至讨厌的学生打交道，这往往会引起教师的心理焦虑、矛盾和冲突。正处在怒气顿生之时，有时学生并非恶意的一个举动、一个恶作剧或一句戏言，有可能就会使老师的愤怒火上浇油，致使怒火更旺盛。如若这个时候老师一时控制不住而急火攻心了，对调皮的学生的"挑衅"行为处理不好，影响的不仅仅是教育教学的效果，而且恶化师生关系，更可能产生教育悲剧。

最近几年，在媒体曝光的教师伤害学生的事件，都是教师在盛怒之下失去理智的行为所致。所以，控制愤怒对教师来说也是一门学问，教师要学会控制自己的愤怒。"发脾气要适度"，因为愤怒并不能解决问题，可能还会带来更大的麻烦，"事情常常从愤怒开始，以羞辱结束"。

当教师承受了巨大的压力，在人际交往中，或者在教育教学中受到了严重的伤害，就会产生愤怒的情绪。愤怒通常源于我们的非理性信念，只有将我们的非理性信念作为中介，他人才会使我们发怒。所以要控制教师的愤怒，首先要根除教师的非理性信念。如果你认为是他人引发了你的愤怒，那么无论如何你都无法控制自己的愤怒。我们应该对自己的愤怒情绪负责。

一个极易被激怒的人不会关注愤怒的内部原因，他往往把愤怒归为他人的行为。这是每一个已经被怒火点燃的人的普遍的一个心理。

张老师正在耐心地讲课，并提出问题请大家思考。有个男生要发言，张老师请了另外一个学生发言，那个男生就和座位周围的学生大声地讨论，影响了课堂纪律。张老师再三提醒那位学生不要讨论，谁知他们正讨论在兴头上，停不下来。张老师生气了，大声喊着那位学生的名字，请他走出教室去，并报告班主任，扣除他的纪律分。

从上面的案例可以看出，张老师显然没有意识到自己是引发愤怒的原因，却把那位学生看成了问题的根源，因为学生没有保持安静，让他能把课上成他原先设想的样子。张老师的非理性信念包括：学生必须听老师的话，随时按照我的要求发言或者不发言。这样才像个学生的样子。要是学生不听我的指挥，就是不尊重教师，我是无法忍受的。学生应该听话才是一个合格的学生。

有一些错误的观点强化了我们关于愤怒的非理性信念，在今后的教育道路上需要我们要格外注意。

错误观点一：愤怒是外界的事件、情境和他人的行为引发的。它们是外部的因素，因此人们不可能控制自己的愤怒。

正确观点一：不管是愤怒的起因还是对愤怒的控制，我们都负有主要的责任。如果我们认为不应该对自己的愤怒负责，那么，愤怒就会控制我们。

错误观点二：把愤怒发泄出来是健康的。把愤怒发泄出来后，感觉好多了。

正确观点二：不管我们是否发泄愤怒，它都会影响我们的身体健康。有时候，当我们发泄愤怒之后，确实会有一些轻松感。愤怒掩盖了我们受到伤害、遭到拒绝时的无助和痛苦，使我们暂时感到了某种勇气、力量和控制力。当我们发泄愤怒的时候，通常会认为自己解决了一个实际的问题。事实上，一个容易被激怒的人，不仅会受到愤怒的困扰，而且也会因为愤怒而导致更大的痛苦。

错误观点三：对于愤怒，只有两种办法，要么发泄，要么压抑。

正确观点三：逐步降低或者减弱你的火气，而不是发泄或者掩饰它。发泄愤怒并不能真正摆脱愤怒，发泄愤怒的过程会使你将来遭到挫折和压力时更倾向于发泄愤怒。

错误观点四：发泄愤怒会引起他人的注意，这样你就能得到你想要的。其他人就不可能占你的便宜。人们应该面对自己的错误行为，也应该受到教训。

正确观点四：强烈地表达出自己的愤怒或者以发怒来要挟，确实可以使你得到想要的东西，但一般不会长久地奏效。从长远的观点来看，发泄愤怒会造成人际关系的破坏，并且也使愤怒变成报复。怒火会产生愤恨和痛苦，加大与他人之间的距离。愤怒会引起更强烈的愤怒。

如何才能不让愤怒灼伤心扉？

一、拥有一颗爱心、平常心

教师要学会面对现实，用一颗平常心正确看待工资、职称、岗位评优等现象，尽量减少消极情绪的影响。苏霍姆林斯基曾经指出，在学校极其复杂的关系中，最宝贵的东西是教师的信念。在相同的学校环境中，有的教师感到单调、疲惫、空虚，而有的教师却感到充实、丰富、幸福，区别就在于认识事物的角度不同。教育工作是事关人类精神领域的工作，教育过程是创造幸福、享受幸福的有机统一。现在教师的收入与社会上其他一些行业相比可能不算高，但是，要比精神上的收入，教师是最富有的。对于认识到这一点的教师来说，教育就不是牺牲，而是享受；不是重复，而是创造；不是谋生的手段，而是生活本身。

只要你是一名教师，学生尊敬的目光、会心的微笑、可爱的童真、精彩的发言、真诚的交流、成绩的进步等，都是每天能够收到的“礼物”。细细体会，这难道不是如聆听花开般的幸福吗？

二、正视现实、保持冷静

只有理智地控制自己，分析发怒的原因，剖析发怒可能带来的“利”和“弊”。例如，你面对没有多少权利的学生发泄愤怒，你可能不太容易

看到学生以愤怒的方式回击。但是，学生肯定会以一种更为隐蔽的、无声的方式对你进行报复，如不合作、对你冷漠、上课不听讲、作业马虎、毕业以后不再与你联系等。一时的痛快，会使你失去更多的东西。

三、迁移愤怒

前英国首相威尔逊在一次竞选演讲中，正侃侃而谈，突然一个捣乱分子大叫："狗屎！垃圾！臭粪！"威尔逊先是一惊，但是没有发怒，而是不慌不忙，宽容地笑了笑说："这位先生，我马上要谈到你所提出的环境脏乱问题了。"听众不由得为他的镇定、机智、幽默而喝彩，演讲取得了预想不到的效果。与其说威尔逊以幽默机智感染人，毋宁讲他是以高超的息怒技巧征服人。转移目标，迁移大脑皮层兴奋点，正是平息怒气的有效方法。

四、把握好控制愤怒的两个关键点

愤怒是一个人遇到挫折时的自然情绪反应。在一个人发怒的时候，了解自己的情绪反应过程，把握好控制愤怒的关键点非常重要。控制愤怒有两个关键点，即触发点和爆发点。

1. 在触发点，说服自己放弃愤怒

触发点是一个人情绪平静转向发怒的转折点，这往往由某件压力事件引起，如发现学生没有交作业、上课时讲话、顶撞老师、恶作剧、领导不正确的评价等。看到某现象是否会发怒和我们如何评价该现象有密切的关系。如果你认为对于孩子来说这是正常的现象，就不会生气，但是如果你认为这是不尊重教师、学生不听自己的话，那就会容易引发怒气。所以，教师要控制愤怒，就要正确、客观地评价压力事件，不要感情用事，避免过激行为。只有理性地要求自己和他人，才能把握好压力事件对自己情绪的影响。

2. 在爆发点，选择合理的宣泄方式

爆发点是控制不住情绪后的自然流露。但是，如何发泄愤怒是值得研究的，它反映了一个人的智慧、修养、自我调控的能力。另外，千万不要认为把愤怒发泄出来就可以摆脱它，甚至有助于排解情绪。事实上，相关研究表明，当人们发泄出他们的愤怒时，他们不是变得心平气和，而是更加生气了。当你用叫嚷、摔东西、咒骂等方式来发泄你郁积的愤怒时，也许反而刺激你更具有侵略性；并且，很有可能会激怒他人，招致他人的报复。所以，学会缓解愤怒，也是对你自己的一种保护。

教师制怒是一门学问，更是一个骨干教师所要掌握的必修课。在处理师生矛盾时，教师拥有奖惩权，那么如果教师对权力运用不当，就可能成为师生冲突、阻碍师生心理健康的主要诱因。在日常教育教学活动中，教师可以根据自己的实际情况而采取适合的方式处理。

愤怒是教师成长路上多余的产物，我们要尽可能地对其抱有摒弃态度。不要让愤怒控制了你的心神，扰乱你的前进步伐。

第五章　沟通——成功路上的助推器

　　教师这个职业无疑是接触人数最多、最需要与人沟通的职业之一。好的沟通能力在成就一个骨干教师的助推力中发挥着无可替代的作用。马克思也指出："人是一切社会关系的总和。""一个人的发展取决于和他直接或间接进行交往的其他一切人的发展。"因此，沟通能力是一个人生存与发展的必备能力，也是决定一个人成功的必要条件。

　　因为沟通是一座桥梁，它链接的是心与心之间的交流。沟通能力看起来是外在的东西，而实际上是个人素质的重要体现，它关系着一个人的知识、能力和品德。

假如你是领导

现代人再也不可能像鲁宾逊那样孤身一人在一个荒芜的小岛上生活上几十年了，而是无时无刻不处在一个又一个圈子里，扮演着各种各样的角色，不论你愿意与否都不可避免。领导与被领导的角色就是你所必须处理好的一种关系。

骨干教师的考核项目之一就有怎样处理好你与领导关系的问题。

在与上级沟通交往时，我们不能不首先要了解几点原则，也就是说教师最应该以怎样的态度去面对领导。这个问题是必须要考虑的。因为我们要进步，就避免不了要和领导打交道。有了领导的帮忙，必然会为我们的工作带来很大的便利和帮助。

1. 尊重而不崇拜

尊重领导是必须的。之所以成为领导必然有我们所不具备的德行。而且尊重本身就是建立融洽的人际关系的前提和条件，能更有效地增强双方情感。

一般来说，下级容易做到尊重自己的领导，但是需要注意的是，人无完人。领导也有在某些工作能力不如自己的时候。你会瞧不起、蔑视领导吗？作为被领导者还会一如既往地报以尊重的态度吗？如果真有此行为，这不仅有损于领导者的威信，伤害与部领导的关系，而且对全局工作不利。如果部领导明显不称职，作为下级可以按照组织原则，通过正常渠道，向更上一级组织提出意见，但在部领导未离开现岗位之前，仍然应该维护他的威信，尊重他的人格，支持他的工作。这才是组工干部应持的正确态度，是觉悟高的表现。

对领导应当尊重，但绝不应该崇拜。崇拜是不科学的、愚昧落后的意识。领导干部和领袖人物都是人。尽管他们相对地说有较高的才能和胆略，但不是"完人"，缺点和错误在所难免。搞崇拜必然要美化领导，文过饰非，崇拜能滋生庸俗的人际关系。

对上级的尊重和搞个人崇拜在本质上是不同的，但从尊重滑向崇拜却比较容易，区别就在于个人的动机，在于是否坚持原则，在于能否把握尊重的分寸。

2. 服从而不盲从

被领导者要服从领导者，没有服从就没有领导。没有服从就形不成统一的意志和力量，任何事业都难成就。在学校里，作为一个集体，下级与上级的根本利益完全一致。上下级关系中的服从虽有强制性，但没有统治和压迫的性质。这种服从的强制性完全是共同服务于教育事业需要的，是为了学生健康成长、教师专业成长的需要。因此，作为骨干教师，服从学校领导，不是奴性的表现，而是对教育事业高度负责的理性行为。

我们讲服从，其大前提就是确认领导的指示、决定符合整体教学体制的根本利益。这就要求我们在坚持服从原则时，注意把服从领导同服教师职业道德统一起来。当发现领导的指示、决定与教育路线方针政策有矛盾时，要及时向领导反映，并要坚决按照正确的教育方针路线来安排自己的工作，做到服从但绝不盲从。它不仅需要智慧、才能，而且更需要勇气和胆识。

3. 直言不妄言

骨干教师应善于用直言、真言以至诤言来增进同学校领导之间的了解，融洽彼此之间的感情。

对领导进言时要讲真话，不唯唯诺诺、吞吞吐吐，更不能花言巧语。骨干教师是教师队伍的领头羊、是学校领导的参谋助手，向领导反映情况时，要一是一，二是二，不夸大缩小，不掺沙注水，不只报喜不报忧；在面对领导的错误时也要开诚布公地提出建议，不能碍于面子而采取"老好人"的态度。

4. 尽责不卸责

搞好教学工作，力争显著的成绩，这是全体师生共同的愿望，作为骨干教师，总是希望自己能够出色地完成领导布置的各项教学任务。但有时候，而且很多时候，在现实中总是出现这样或那样的偏差，导致我们并不能完满地完成。在承担责任时，坦诚接受失败是一种勇敢的品德，积极吸取教训更是一种美德。这样以来，领导不但不会责备于你，还会被你的勇气所折服。

骨干教师在与领导的关系中，既要坚持原则，又要讲究方法艺术，把原则性与灵活性紧密而巧妙地结合起来，才能更好地进行工作。

1. 首先要了解、熟悉领导

首先应了解领导的工作方式与处事方法等。只有这样，才可能在处理与领导关系中恰到好处地扬长避短以至于更好地开展工作。同时，在与领导的沟通时，也可以比较准确地提供给领导所需要的情况、资料，大大地提高工作效率，避免反映情况抓不住要领或产生过大的"认识误差"与"行为误差"。

例如，有的领导直率爽快，工作作风雷厉风行；有的领导严谨细致，工作作风踏实求真；有的喜看书面报告；有的喜欢听口头汇报等。骨干教师对此要做到心中有数，这样就可以针对部领导的特点，尊重其工作习惯，以求得最好的工作效应。如果不了解部领导意图，只管按照自己的主观愿望去做工作，就很难做到心领神会，默契配合，有时甚至会出现"帮倒忙"的现象。这样就会影响同部领导的融洽相处，也无助于做好工作。

2. 要尽可能地使部领导了解你

应该运用有效的方式方法，使领导了解你的工作的重要性和可行性，理解你的意图，这是使领导"愿意"帮助你的重要心理基础。常用的方法有四种：

（1）反复强调法。这种方法可以加深学校领导对你多提出建议的印象，使领导对工作的了解更上一层次，由一开始的不知到最后的"知之甚深"，从而采取支持下属的明确态度。

（2）侧面疏通法。这种方法通常是骨干教师在向学校领导"正面请示"无效的情况下，采取的一种辅助方法和补救办法。不同的人对同一问题的观点总有不同。为了不使事情弄僵，就不应该一味地"正面强攻"，

而应该改用"侧面疏通法"，巧妙地使领导在"不失体面"的情况下，转而采纳你的意见，支持你的工作。

（3）实绩启迪法。学校领导对一个建议的认识，总是要经历一个逐步深化的过程。有时候，当着某一项工作尚未搞起来时，领导对其重要性和可行性的理解，总是比较浮浅的。任你磨破嘴皮，说干嗓子，他获取的仍然是一些模糊抽象的概念。这时候不应该再搞无效的说服，而应该及时采用"实绩启迪法"，使领导在实绩面前受到启示，从而转变态度。

3. 在领导面前规矩而不拘谨

在领导面前，举止言谈应庄重文雅，不能过于随便或太轻浮。但是，在领导面前也不能过分拘谨，说话办事缺乏个性，处处谨小慎微。要想与领导建立良好的关系，应依靠自己的努力，积极地创造性地开展工作，不能错误地以为只有唯唯诺诺、掩饰个性才是良策。须知，绝大多数领导是喜用人才而不喜欢"奴才"的。尤其是在今天，教学工作面临着许多新情况和新问题，都需要我们教师、尤其是骨干教师大胆探索和实践，太过拘谨会给人留下没有注意、胆小怕事的印象。

4. 保持"中立"，避免交往过密或亲疏不一

领导之间也会发生矛盾，甚至会闹摩擦。骨干教师遇到这种情况要格外谨慎，要在感情和态度上保持"中立"。教师对领导之间的许多情况不可能了解得很清楚，或者根本不知道问题的实质所在，因此，轻易介入，无助于矛盾的解决。不可感情用事，添枝加叶，使问题复杂化。要实行"等距离外交"，作为骨干教师应该从教学工作中出发，对领导成员一视同仁，亲疏有度，建立和发展正常的关系，而不应从个人目的和私利出发，戴"有色眼镜"看待领导们，攀一方踩一方。这无论是对工作、对上级、对下级关系，都有害无益。

应该指出，与领导建立良好的沟通关系不是一朝一夕的事情，这就需要骨干教师要在及时解决矛盾、消除障碍中不断发展上下级之间的良好关系。需要强调的是，和衷共济，不断开创教学工作的新局面，是保持良好的上下级关系的落脚点。如果单纯注重关系，必然陷入误区。这也是处理与领导关系的大忌。

了解你的团队

团队是指一些才能互补、团结和谐并为负有共同责任的统一目标和标准而奉献的一群人，一个真正的团队应该有一个共同的目标。团队精神，就是我们通常所说的集体主义精神。它是指集体中的每一个成员都应该自觉地以团队为归属，齐心协力，团结一致，共同奋斗，达成集体的总目标。它要求每一个成员相互关心，相互帮助，竭尽自己的全部智慧和力量，去完成集体的共同任务。人们工作、生活在这个社会中，自然而然就会进入到一个或几个团队中，成为之中的一名成员。而一个好的团队对个人的发展更是一个坚实的后盾。我们无论做哪一行都离不开团队、离不开团队精神。

现代学校也同样如此。无论是教育教学、教育科研还是行政管理领域，都不是仅仅依靠个人的力量所能成就的，而是需要依靠集体的力量，相互信任、团结写作才能有效达成目标。有研究表明：与个人主义模式和竞争模式相比较，团队工作模式具有三方面明显优势：一是能导致更高的个人工作效率，二是能促进团队成员间更积极的人际关系和社会支持，三是能更大地提高团队成员的心理健康水平。

但是，这种通过建立有凝聚力和生气勃勃的团队使全体教师为了实现共享的目标而一起工作实践起来并不容易。它不仅需要团队在工作上分工协作、配合默契，还需要团队成员以娴熟的社会交往技术来建立信任、凝聚人心。那么，我们应该如何来打造教师团队呢？团队管理的研究成果告诉我们，确实有许多必要的技术方法需要掌握，以便我们能够建立一个更加完善、和谐的团队。

一、角色界定

团队角色是深受团队建设者喜爱的一种方法。团队是一种小型高效合作性质组织，其高效的奥妙就在于团队成员能在工作中配合默契、分工协作、扬长避短。既要有分工，就必须要确定不同的角色、由不同的角色去行使不同的职能。研究证明，成功的团队必须是由不同性格、才能的人分工协作而行动，因此，团队成员在团队这一正式群体内应该围绕着团队的工作任务承担不同的角色任务；而且，每个成员常常担任不止一种角色。团队的效能取决于团队成员间各种相关的力量，以及按照各种力量进行调整的程度。

二、价值观

众多研究都指出，团队建设的核心就是在团队成员之间就共同价值观和某些原则达成共识或共同愿望。比如一所学校的领导团队，首先要就学校目标定位、办学理念、管理思想达成共识，为全体教师确立一个学校发展的共同前景，使之成为凝聚人心、共赴事业的原动力。领导管理团队如此，教研室、年级组及各种教师团队也同样如此。在种种领导影响力中，共同理想所能产生的影响力是最理性、最强大的。因此，作为一个相对长期的团队而言，达成共识，确立共同理想是团队建设的有效途径。

三、任务导向

如果说理想前景是较为长期的未来，相对而言，任务导向途径则是针对近期工作的，是针对比较现实的目标。任何团队的共同理想，只有通过具体的一项项任务的完成，才有希望接近或实现理想。所以，任务导向途径是现实主义的。

而建设高效的任务导向团队需要我们遵守以下几项原则：

1. 要确定事情的轻重缓急，并确定知道方针选择任务，比如选择一项既合乎潮流、又有时间价值的研究课题。

2. 要按照技能和技能潜力选择成员，而不是按性格选拔团队成员。

3. 对团队的第一次集会和行动予以特别关注。

4. 确立一些明确的行为准则，是团队成员清楚团队活动的规则，成员要有明确的分工和责任。

5. 定期使用一些新的事实和信息对团队成员的信心加以考验。

6. 尽可能多地共度时光，增强成员之间的相互了解与信任。

7. 充分利用由积极的反馈、承认和奖励所带来的力量。

四、人际关系

对每个团队来说，都要同时实现两项目标，一是任务的完成；二是团队自身的成熟与发展。这两个目标是相辅相成的。高效率低完成任务是团队存在的理由，但任务的完成是建立在团队自身的发展、成熟基础之上的，同时也推动着团队的成熟与发展。

骨干教师的培养离不开他所在的团队。一个成功人的背后总有一个坚强的后盾作为支撑。

每年在美国篮球大赛结束后，常会从各个优胜队中挑出最优秀的队员，组成一支"梦之队"赴各地比赛，但结果总是令球迷失望——胜少负多。其原因在于他们不是真正意义上的团队，虽然他们都是最顶尖的篮球种子选手，但是由于他们平时分属不同球队，不能形成有效的团队精神。

由此看来，团队并不是一群人的机械组合。团队精神是一个集体所必须具有的，它能够将团体中每个成员的心紧紧地系在一起，形成一股强大的凝聚力。俗话说，众人拾柴火焰高。任何一件事情靠个人力量是办不好的，只有团队中的每个人通力合作，每一个细节环环相扣，才能获得成功。

骨干教师虽然是一个人的称号，但是，背后却是一个团队的荣誉。正是有了其他人的无私奉献，才有良好的工作环境，才能为工作注入能量。

一个骨干教师背后的团队包括学校这个大环境、周围的同事，还有除了教学之外的学校事务。

（1）在学校与骨干教师之间的关系上。团队精神表现为骨干教师对学校的强烈归属感，他把学校当成"家"，把自己的前途与学校的命运联系在一起，愿意为集体的利益与目标奋斗，从而有了更大的目标与动力。

（2）在教师之间的关系上。团队精神表现为教师之间的相互协作，相互宽容，彼此信任，在生活上彼此关怀，和谐相处，追求团队的整体绩效。学校成员之间没有根本利益冲突，只有理念的碰撞。

（3）在教师对学校事务的态度上。团队精神表现为教师对学校事务的全身心投入。

团队精神在骨干教师形成道路上的作用表现在：

1. 心理支持

当骨干教师在教育教学活动中遇到困难时，可以依托整个团队来共同面对，你的心理压力也会相应减轻，解决问题的思路会相当开阔和灵活，你的困难会迎刃而解。所以，当你取得成功时，也别忘了你背后的团队曾经给予你的力量。你的成功与他们的支持和帮助是分不开的。

2. 汲取力量

团队精神在教师这个集体中的作用不可估量。个人的努力固然重要，但没有集体的力量和集体的智慧，一个人的成功就会大打折扣。把自己融于集体中，发扬团队精神，只有握紧的拳头才有力。

3. 资源共享

集体备课、集体教研，大家共同努力，你提供一方面资料，他提供另一方面资料，综合在一起实现资源共享，这样大家的工作负担就会减轻，工作效率就会得到提高。

4. 增强动机

与同事精诚合作，我们会受到及时的鼓励和支持，使我们有信心、有能力去主动探索，从多种途径促进学生的发展，使教师真正成为骨干教师。

团队带给我们的力量是不可估量的。骨干教师必须消除彼此孤立与封闭的现象，学会与他人沟通与合作，只有这样，视野才会更加宽阔，专业实践理论的内涵才得以扩充，专业水平才能得到更快更好的发展。

当然在一个团队的形成中，也会有一些很难相处的人。每个良好的团队都需要一个时间段的磨合期。但作为骨干教师，要对你的团队以及在你的团队中可能出现的人有一个预期了解和制定应对方法。

很难相处的人：通常指个性"很强"的人。个性"很强"是对以自我为中心和消极性格的委婉表述。

明哲保身的人：指那些像"恐龙"一样喜欢维持现状，抵制任何变化的人。

搬弄是非的人：指那些喜欢"兴风作浪"的人。这种人的存在可能有建设性，但其行为通常源自对他人成功和进步的嫉妒。

总是空谈而没有行动：这是宏观领导与决策不力造成超负荷运转改进的策略人的障碍组织障碍所导致的另一种结果。每一个决定都需要一个实施行动计划。

人都会有缺陷的，但骨干教师不能因为一点小障碍就放弃了征途。顺利过关的前提是对各种人、各种环境都有所了解，才能更好地处理好团队事务。

但是，无论如何，一个团队的力量都是大于个人的。

让家长帮你一把

　　学生家长历来被誉为是孩子的"第一老师"，不是教师但更似教师。在孩子们身上付出的心血，与教师付出的有过之而无不及。哪个父母不望子成龙、望女成凤。比起教师要面对几十名学生，许多现代的教育问题是很难让教师独立解决的。现代的学校教育，需要家长和全社会的积极参与，而家庭教育又是学校教育和社会教育无法代替的一种重要教育。因此老师在教育学生的时候，如何与家长处理好关系，如何与家长进行融洽的沟通交流就显得至关重要。确实，教师与家长的沟通是一门艺术，也是一种超越知识的智慧，更是一种检验是否是一名合格骨干教师标准之一。

　　家长在教育孩子方面占有了很大的优势，现在基本上都是两个家长对一个孩子，精力更集中。我们骨干教师的与众不同之处在于能够充分利用身边所有能够利用的资源来进行教育工作。而家长一定是老师应该首先考虑在内的。

　　有了家长与老师这个共同的奋斗目标，不妨把家长看作自己的战斗伙伴，在你的教学工作中，让家长不时地帮你一把。骨干教师都是把家长当成是一种特殊的教育资源的。

　　有了共同的目标，教师们何不和家长达成统一战线？得到家长们的理解、支持，对教师的事业发展可以说是如虎添翼。

　　面对当前现状，骨干教师要在与家长的沟通交流时注意哪些方面呢？也就是说怎样与家长沟通才能使家长与你结成统一战线？

一、用爱铺路，搭建沟通交流的平台

1. 真心关爱每一位学生

爱，是一门学问，它需要我们用一生来学习，也需要我们用一生来传授。有人爱金钱，有人爱地位，而教师的爱则不同，它是一种职业的爱，特殊的爱，需要把整个心灵都献给孩子们，做到真正的爱孩子。孩子是天真的，聪明的，可爱的，只有老师爱孩子，孩子才会爱老师，只有这样的爱才会有良好的教育效果。

冯老师刚刚接上这个班时，遇到了几个特殊的孩子，第一个是一个女孩，妈妈生下她时，父亲因为她是个女孩不高兴，便找理由和妈妈离婚了，后来一直跟着妈妈和外公外婆生活，家里人提起她就觉得可怜，进入一年级后成绩也是班上最后几名，妈妈每次接学生见到老师也是躲躲闪闪。冯老师感觉这样会对孩子的学习或者是心理的生长发育都不利，就找了机会和外婆谈了谈情况。了解情况后冯老师告诉家长，让他们一定放心，小女孩被父亲抛弃的事绝不会让同学们知道，更不会让同学笑话她，老师更不会另眼相看，还会比对其他孩子更爱她。平时她交上来的作业虽然工工整整，但是错题很多，叫到老师跟前当面批改，她也是眼泪汪汪、可怜兮兮的，好像生怕被老师批评一样，面对此情此景，冯老师心平气和地再跟她讲解，有时同样的题给她讲了一遍又一遍，但再出现类似的题时，她依然会再出错。后来冯老师发现她字写得好，每次作业完成得及时，而且不管是对是错她都会主动去做，并按时上交，从不拖欠作业。发现她身上这些闪光点后，老师又采取表扬激励的方式，让同学们向她学习，她的自尊心受到了保护，自信心也大大增强，学习兴趣也得到了提高，课堂上听讲认真了，错题少了，面对出现的错题，老师依然会耐心教育她，分析出错原因，教她上课听讲的方法，审题的方法等。慢慢地她感觉到老师是真心在帮他，爱她，脸上的笑容也多了起来，虽然成绩还是不能名列前茅，但家长看到孩子身上的一系列的变化后放心了，妈妈见到老师目光也真诚了，不再躲避了，能主动找老师问起孩子的情况，并不断表示感谢。班上还有几个单亲家庭的孩子和几个成绩特别差的学生，老师也是像妈妈一样地去说服、去教育、关爱他们，在他们有困难时积极帮助他们，在遇到难题时耐心地讲解，在发现他们身上有闪光点，有进步时会鼓励他们，帮助他们培养良好的性格，树立自信，渐渐地他们现在都有了明显的变化。

由此看来，冯老师对孩子只要怀有无比关怀之心，为孩子成长而喜，为孩子进步而荣，一切为了孩子，就能取得家长的信任，让家长觉得你和他是为了同一个目标在努力，这样家长也一定能敞开心扉和你交流。

2. 尊重每一位家长

教师在与家长沟通交流时态度要热情、诚恳，创造一个和谐、轻松、愉快的氛围。应本着尊重平等合作的原则，争取家长的理解、支持和主动参加。不能出现对学习好的孩子家长就好态度，而面对学习差的孩子家长就板起一副冷面孔，一味地批评指责；更不能对有权有钱的家长态度热情，对平民百姓家长又是另一张面孔。不论面对那一种家长，教师都要热情有礼貌地接待家长，微笑服务，与家长坦诚相见，推心置腹，给人和蔼可亲的感觉，家长就会感受到老师的诚意。只有尊重家长，与家长保持平等关系，才能赢得家长的尊敬和信赖，才能保证与家长的顺利交谈。

二、精心设计、安排好沟通交流的内容

1. 如何面对优生家长

（1）多报喜，少抱忧，委婉地指出不足

"金无足赤，人无完人"。要一分为二，突出优点，不要以点概面。在班级管理中，老师常常会不自觉地集中关注班级中那些表现不好与成绩欠佳的学生身上的缺点，而对一部分学习成绩优秀的学生身上的不足却有所忽视。班上的优秀学生大多都头脑聪明，学习成绩好，有较好的学习习

惯，受到的表扬和光环也比较多。但因为聪明，学习很轻松，有很多空闲时间，没事的时候会耍着花样带领其他学生疯玩、疯闹，有的为了名列前茅，会不择手段地打击对方；有的对老师的话也只听表扬，不听批评；或者有的高傲自大，瞧不起学习差的学生，甚至欺负他们。但有的家长只看到自己孩子学习成绩好，觉得自己孩子比别人聪明而沾沾自喜，视为"掌上明珠"，感觉良好。

面对这样的学生家长，就应该多报喜，少报忧。如果学生犯了错误，我们老师不要以点概面，一般情况不请家长，能在学校里解决的就在学校处理，就事论事，严格教育，如果情况复杂的，必须和家长沟通的，老师应该有确凿的事实和证据，再联系家长。告诉家长孩子最近有哪些好的表现，再委婉地指出最近犯的错误，并出示相关的证据，让家长心服口服，不要见面就指孩子的种种不是，家长因为听惯了赞扬会一时接受不了你的谈话内容，也就谈不上好的效果了。

（2）希望家长严格要求，不娇惯，不溺爱，不袒护孩子

相比较与学生交流，老师更应该与学生家长交流。因为隔代教育或多或少还是存在一些弊端，和孩子父母亲谈话，年龄相仿，经历相似，有共同语言，容易找到共同话题。现在大多是独生子女，家庭经济条件也比以前好，家里爸爸妈妈爱，爷爷奶奶爱，姥姥姥爷爱，过分的溺爱真会把孩子惯坏的。

所以，我们要做以下这样的交流：

让家里的人配合不要过分娇惯孩子，教育孩子有爱心，主动帮助弱小；

注重培养孩子良好的性格和健全的心理；培养孩子的创新意识、创新能力和进取精神；

教育引导孩子多读书，拓宽知识面，培养孩子的兴趣爱好特长；

一手抓学生成绩，一手抓学生品德教育，不能只要高分，忽视非智力因素的培养；

教育孩子不乱花钱，从小养成生活朴素的好习惯；让孩子做力所能及的家务劳动，孩子自己能做的事，尽量自己去做，不依赖家长，培养独立

生活的能力。

2. 如何面对学困生家长

（1）消除心理障碍，平等交流

诚恳地邀请家长来校，用微笑和热情的态度消除家长的不安情绪，为接下来的沟通扫除障碍。其实，大多数学困生家长是很不情愿见孩子老师的，认为自己孩子学习成绩差低人一等，怕老师瞧不起，批评指责，自己没脸见人。因此我们在与学困生家长的沟通中要注意方式方法，平等待人，不歧视，不讽刺挖苦，也要学会赏识，鼓起他们足够的信心。现在孩子的家长不容易，学困生的家长就更不容易。班上有几位家长，一谈起来孩子，说起孩子的处境，提到孩子的学习，就泪流满面。如果我们再来一个"状告"、"责难"，那心还不跌入地狱去？老师可以先讲讲孩子的优点，挽回家长的一点自尊，为之后的谈话，弹奏出和谐的前奏，消除家长的误会，鼓起家长的信心，平等交流，形成一种教育合力，让学困生脱困，这才是我们所希望看到的。

（2）因人而异，提出合理化的建议

有些家长忙于自己的生意或工作，基本无暇顾及孩子的学习，只求吃饱穿暖，提供较好的物质基础，他们认为只要老师不告状，说明孩子在学校还可以。面对这样的家长，要找他的空闲时间，否则他会说没时间和你谈。谈话时真诚告诉家长，现在孩子大多是独生子女，父母再忙，下午孩子回家了也应该挤出时间多陪陪孩子，多关心孩子的学习和身心健康，不要等到以后自己有时间了却又来不及了再后悔。让家长引起重视，明确努力方向。

有的孩子贪玩，放学回家不做作业就看电视，玩电脑，或在外面疯跑不回家，连吃饭睡觉都找不到人，学习习惯不好，没有自觉性。面对这类孩子的家长，要告诉他们应该从孩子良好的学习习惯和生活习惯抓起，家里可根据情况制定作息时间，什么时候吃饭，什么时候写作业，玩电脑，看电视，什么时候睡觉等，制定好以后家长必须自觉遵守做好示范，并严格执行。还要提醒家长注意孩子生活习惯上某些细微情况。如：花钱上的要求，穿戴的变化，看什么课外书等，发现不良苗头马上采取措施。在学习方面要求认真写字，按时完成作业，课前预习，课后复习，争取取得优异的成绩。

还有部分家长确是文化水平有限，不懂得如何教育孩子，从而使得孩子出现这样那样的问题，面对他们时一定不要讥笑，要真心教给他方法。

长期拖欠作业的个别学生，家里或多或少都存在一些问题，所以建议家长给孩子准备一个小本，让孩子记录每天的作业，并交由老师亲手签字，回家后家长再根据老师签的内容一一对学生学习任务进行检查辅导。

再好的孩子也会有不足之处，再差的孩子也会有闪光点。我们对孩子的评价要客观，不要把孩子说得无可挑剔，那样会使家长过分宠爱孩子，放松必要的管教；也不要把孩子说得一无是处，忌用否定的言词，切忌告状式，那样会引起家长反感，有的家长甚至能无理取闹。我们要用发展的眼光看问题，要用热情感人的语言，促使家长满怀信心地进一步配合老师教育好孩子。与学困生家长沟通我们要注意的地方很多，但不管怎样，一定要注意不伤自尊，避免冲突，和谐地解决问题。

三、合理选择，采取恰当的沟通方式

教师与家长沟通交流的方式方法很多，比如：家访、电话联系、书信联系、家长会，或者趁放学的机会找到家长面谈，还可以让孩子转达老师对家长的一些建议或表扬。其实在与家长交流时，对待家长不要吝啬表扬，每天表扬学生的同时，不要忘记表扬部分做得好的家长，告诉他们哪些地方做得好，孩子变化大，孩子在哪些方面取得了进步，让孩子们把话带回去，告诉家长做得好。给家长点鼓励和掌声，让家长看到希望，增强家长的自信，让他们不灰心，继续坚持，继续配合老师教育监管好自己的孩子。这其中，书信沟通就是个不错的方法。

以书信形式与家长沟通有几点好处：一是以书信形式与家长沟通会显得很亲切，字里行间都能更加凸显教师的诚意来，能够在很大程度上缩短家长与教师之间的距离，来毫无拘束地展开工作；二是双方可以不受时间、地点等各方面因素的影响，可以利用空暇时间写得详细具体，回信也认真、详细，很容易达成共识，有条理地进行合作。

以前的教师们是通过纸张形式的书信，或者有的教师还通过学生的考试卷子来进行与家长的沟通与连接。现在科技发达了，并且随着电脑知识的普及，教师和家长完全可以通过电子邮件的书信形式进行沟通，既方便又环保，除去了学生在中间传书的过程，会更加增长老师与家长之间的默契，教育效果会更好。

　　和家长的沟通是一门学问，也是一门艺术。在与家长沟通的过程中，了解家长的心理，根据各位家长的不同情况来运用不同沟通方式，这里教师的真诚态度很重要。在真诚的前提下可以采取正式和非正式的多种沟通方式，形式不同但都可以收到良好的效果。

　　但无论何种沟通方式，要想取得良好的沟通效果，就得因时而异、因地而异、因人而异来选择合适的交流方式、方法，还要讲究沟通的艺术，因为艺术化的东西往往易于感染人、易于感动人、易于被接受，那么艺术化的沟通也最易在学校与家庭之间、教师与家长之间形成一种融洽的合作气氛，从而有利于教育教学工作的顺利进行。

　　如果教师能在与家长的沟通中，触动其心，得其支持，就能有利于自己的教育教学研究，探询教育规律，摸索出适合于自己的教学经验，形成独特的教学风格，跻身于骨干教师行列。

第五章　沟通——成功路上的助推器

走进学生的情感世界

世界上唯有孩子的心是最简单而透明的，没有长大成人之后进入社会的成熟、世故。各种情绪都是那么简单地表现出来。可以说进入到一个孩子的内心世界再简单不过了。但，有的教师却不愿意花心思去与学生沟通，讲课、批作业、布置任务，简单而机械地做自己的工作。这样的工作方法是不对的，学生不是魔方，只要你把他们放在自己所应该在的位置就可以了，他们是有情感的人，什么事如若跟情感扯上关系，那么运用合理，做起事来就会事半功倍；不合理，就会使你的工作难上加难。

教师应该在教学工作上充分地与自己的学生进行沟通，走进他们的情感世界后你就会发现所有困难都迎刃而解，而且处处都充满了温情与乐趣。

目前很多教师都意识到了与学生沟通的重要性。但在具体细节中如何沟通还需要教师仔细推敲、认真分析。作为一个系统工程，现代教育虽然复杂而浩大。很多情况是，很多老师虽然关爱学生、努力工作，却因为不懂得沟通的技巧还是得不到学生们发自内心的欢迎。始终与骨干教师的行列遥遥相望。

成功学之父卡耐基说过，一个人事业上的成功，只有15%是由于他的专业技术，另外的85%要靠沟通技巧。

所以，教师在与学生的沟通中，不但可以通过有效的交流使学生们的学习水平有所提高，而且还能让教师本身调动了在教学中的积极性，增强了各种管理能力。可以说，学会沟通这项基本功无论对教师还是学生来说都是百利而无一害的。

教师良好的沟通能力并不是天生的，是需要经过一系列的学习和训练的。

所以，如果你现在还不是很能驾驭沟通这个本领，也不要着急，这是必然要走的一段经历。就像是骨干教师都是由普通教师升级而来的一样。没有谁天生就是一个骨干教师。

在美国，现在每一所大学都开设了各种各样的沟通课程，而且深受学生的欢迎。国外的教育界已将沟通能力作为学生应该具有一种重要的能力来培养。但是在中国教育界，特别是中小学校涉及教师沟通能力方面的研究和培训却寥若晨星。因此，提高教师良好的沟通能力迫在眉睫，通过哪些途径能提高教师的沟通本领呢？一是通过培训，二是通过日常经验的积累。两者之间，前者显然是一个快速成功的捷径。

通过培训，可以让教师意识到具备沟通能力的重要性。要让教师懂得"沟通"是一种重要的教育能力。在学校教育中，师生之间的沟通效能决定教育的整体效能。因此，与学生建立良好的人际关系是教师首先要养成的教育能力，而这种能力的形成需要学习和训练。

通过培训，可以让教师懂得一些师生沟通的心理学原理和方法，掌握一些经过验证后的实用沟通技巧，而不是空洞的理论。

创新培训形式，可以提高培训的效果。开展自学、讲座、论坛、合作游戏等多种形式的培训活动。注重理论同教师自己所从事的教育工作联系起来，在与学生建立有效人际关系的前提下，来有效开启他们内在的智慧和各种资源，培养他们成才。

在教学中，又能通过哪些场景来与学生进行沟通呢？

一、"民主测评"促沟通

为缩短与学生的心理距离，使老师能清晰地知道自己在学生中的受信任度，让学生消除老师的高高在上感，在班上每隔一段时间，同学与同学、同学与教师之间进行相互评价，要求学生进行民主测评时把教师也加

第五章 沟通——成功路上的助推器

进去，对老师的各方面进行实事求是的评价，并写一句希望的话，把评价情况悄悄给老师，第一次，同学们进行评价可能还不是很大胆，慢慢就会越来越大胆了，这能促使教师不断改进自己的工作方法，老师也会明显感到与同学们的距离越来越近。

二、"说烦恼"促沟通

学生有许多烦恼，但却很少向老师诉说的，究其原因是对老师还不够信任，可能是因为首先我们老师对学生的信任度还不够，根据此情况，可组织同学们开展以"说烦恼、齐帮忙"为主题的班队会，并且教师首先对同学们倾诉了自己的烦恼，请同学们帮忙出出主意，同学们会十分热心地帮老师想办法、出主意，老师真心感谢他们，这样，同学们也乐于把自己的烦恼说出来了。

三、"多商量"促沟通

有些教师对学生总是不放心，对他们不够自信，认为他们是小孩子，不会有什么大的想法，所以不管学校安排什么事情，都是教师说了算，然后安排给他们去做，无形中造成了与学生之间的心理距离，不妨运用"多商量"的办法，学校有关的任务，班级里遇到的问题，在处理前尽量与班上的同学、班干部商量如何去做，他们会十分积极，想到的方法一定会让老师刮目相看。

四、"勤聊天"促沟通

"勤聊天"是与学生沟通必不可少的方法，教师可根据情况采用了多种聊天方式，课下与学生聊学习、聊生活、聊天文地理等，从中了解他们感兴趣的事物，掌握他们的平时生活情况，适时指导；对性格内向、学习困难、桀骜不驯等类型的同学，多与他们单独聊天，充分表达关爱、欣赏之情；给班上学生人人提供教师的电话号码和 E－mail 地址，老师也记录他们的电话号码，学生随时可以找老师聊聊自己的事情；教师还可通过网

络聊天室与学生聊天，通过聊天，可以对学生的内心有更多的了解，学生对教师的感情也会与日俱增。

五、"悄悄话"促沟通

在班上设个"心灵对白"角，其中每个孩子都有一个属于自己的小口袋，其中也有一个口袋是属于老师的，班上的老师、同学对谁有什么悄悄话说，都可以写字条封好放在属于那个人的口袋里。通过"心灵对白"角，老师天天可收到学生的悄悄话，也可以常给学生们说说悄悄话，悄悄话让老师和孩子们成为了秘密的共同守护者，成为了亲密无间、共同进步的好朋友。

六、"参与活动"促沟通

游戏活动是青少年非常喜爱的一种形式，和学生一起游戏是吸引、团结学生、引导学生、与学生沟通的一种重要手段，和他们一起玩各种体育游戏、文娱游戏、军事游戏等，和他们一样兴高采烈、乐此不疲，孩子们自然把老师当成他们的朋友，沟通十分容易，教师则在此氛围下利用游戏有意识地培养同学们良好的道德品质和集体主义精神，引导他们开展健康有益的游戏活动。体验活动也是同学们常开展的活动，在体验活动中学生们亲自实践，内心的各种感受十分深刻，老师可有选择地参与他们的一些体验活动，如"卖报一日"活动，老师与他们一起到报社领报纸、一起到街头叫卖、一起讨论卖报的好办法、一起分享卖报的成功或挫折，学生们把老师当成了知心朋友，老师也会深深感到：与孩子们沟通的感觉真好！

教师的工作实施对象主要是针对学生，想把工作目标完成得漂亮而有效率，就得多在与学生的良好沟通上多下些功夫。

第五章 沟通——成功路上的助推器

理顺与任课教师的关系

　　本节主要谈谈作为班主任的骨干教师。作为一个班主任，是一个班级的灵魂人物。但要搞好一个班级，仅仅依靠班主任是远远不够的。学生需要的是各方面全面发展，所以说任课老师在骨干教师的发展之路上也扮演着至关重要的角色。这其中班主任和课任教师的默契与否会对整个班级有决定性的作用。

　　杜威说过："学校即社会，教育即生活"。其实，每个班级就是一个小社会，学生就是在这小社会中不断丰富知识，完善人格，完成其社会化。任课教师是这个社会的主导者，这个社会的顺利运行，离不开有效的管理与协调。班主任作为班级这个小社会的主要管理者，只有通过与主导这个社会的任课教师的充分沟通，不断协调其关系，才能为学生的健康成长与发展创设有利的环境。

　　除了班主任主动找任课教师帮我们解决问题，以达到互相了解，让任课教师参与的目的外，我们也应主动协助课任老师处理教学中出现的问题。虽然课任老师的工作相对班主任老师来说，可能要相对简单些。不过教学中遇到的诸如个别学生不遵守课堂纪律的问题却也不在少数。虽然任课教师对于在自己课上和科内的学生问题一般都能自主想办法解决，但我们班主任应及时地调查了解，掌握第一手材料，协助课任老师解决这些难题。其实这些问题与班务工作中存在的问题有密切的联系，从一定意义上讲，协助课任老师解决了这些问题，班务工作就会跃上一个新的台阶。但更重要的是，我们通过这些，与任课教师建立了信任。

骨干班主任是学校教育第一线的骨干力量，是学校教育工作最基层的组织者和协调者。班主任工作是学校教育中极其重要的育人工作，它既是一门科学、也是一门艺术。在琐碎繁杂的班主任工作中，努力协调好各任课教师，是骨干班主任不容忽视，而且是必须承担的一项重要任务。

一、主持制定治班方略，进行思想引领

思想指引行动，思路决定出路。谚云："羊群走路靠头羊。"一个班级的任课教师们如何在一个统一的计划、方案之下目标明确、齐心协力地进行班级管理和教育教学，需要一个核心人物，需要一个灵魂，需要一种思想。这就要求骨干班主任教师要成为这个核心，成为这个灵魂，提出一个方案，拿出一个思路，并组织任课老师们共同研究一个切实可行的治班方案，从而引领全体科任老师去实践，去高效管理，去高效教学。

二、做好任课教师与学生的协调工作

班主任工作不能一个人唱独角戏，一个再有能力的班主任，如果忽略了各任课教师的重要性，工作开展就不会顺利。

鉴于班主任与各任课教师共同承担教育学生的责任，班主任和任课教师荣辱与共、水乳交融。由于教育对象上的同一性、教育目的上的统一性、教育方式方法上的互补性，班主任与任课教师存在着建立和谐人际关系的良好基础。但由于班主任和任课教师在工作角度、工作目标、工作任务、教育方法、个性特点以及对教育对象价值认识上的差异，又存在不协调的地方，其关系要经常加以调整。班主任与任课教师应建立相互尊重、互相配合的工作关系，形成班级教育的合力。

三、多沟通，形成共识

沟通在任何事物上都发挥着无与伦比的作用。班主任应该有一个明确的教育理念和治班思想，不但自己与本班学生要共同认可，也要争取各任课老师的意见。将这些理念和思想转化为所有任课教师的共识，产生共鸣并最终

尽可能落实在行动上。只有这样，一个班才能成为真正的优秀班集体。一个教师才能成为一名合格的骨干教师。所以，班主任要和任课教师建立一种志同道合的关系，而建立这种关系，需要不断沟通思想，统一思想。

四、改变任课老师的工作态度

教师以"教书育人"为天职，有一些教师未理解或未执行好"教书育人"的宗旨，认为班主任教育学生是天经地义的，跟自己没有关系，任课教师只管教课，因而工作不主动。事实证明，学科教师与班主任一起搞好班风学风建设，才能成功实施育人的目标，才能给自己的学科教学创造良好的育人环境，才能培养德智体美全面发展的高素质人才。班主任应该让任课老师明白这个问题。

五、班主任必须发挥纽带作用

班主任是班级管理的责任人，是学生集体的组织者，也是任课教师教育教学的助手，担负着协调任课教师集体的重任。班主任要有指挥全盘的帅才，又要善于统筹协调各学科工作，还要善于沟通各任课教师与本班学生的关系，当好教师集体的"小组长"，发挥纽带作用。

很多人以为，任课教师按照课表上课就行，无需班主任再进行组织。其实，一个班级就是一个团队，这个团队作为一个集体，就需要组织。只有有效地组织起来，明确其目标、任务、工作计划与方案、工作方法、工作重点与难点，才会高效地运作，发挥最大的工作效益。一个班级，需要班主任经常组织任课老师会议，团结老师，研究班级工作方案；需要组织师生交流活动，让师生良好地交流与沟通；需要班主任给任课老师们恰当地安排班级教育的工作任务，分派上进生、中等生、后进生承包名单。

主动与本班任课教师联系，协调任课教师步调一致，以保证完成教育任务，提高教育教学质量。

六、帮助任课教师在学生中间树立威信

在协调任课教师方面，班主任很重要的一项工作是加强对学生的尊师

教育，让学生信任每一位任课教师，尊敬每一位任课教师，积极配合每一位教师的教学工作，珍惜每一位老师的劳动成果，使教师有成就感。比起班主任，任课教师和学生接触的相对少一些，学生对任课老师的感情也就必然会淡一点，容易被学生忽略。师生间的隔阂会间接地影响到学生的学习热情。班主任就要善于通过点点滴滴的发现，让学生也像爱班主任一样爱所有任课教师。

任课教师如果也能够在学生和家长面前树立班主任的威信，这是对班主任工作的最大支持。这一点对年轻班主任尤其重要。年轻班主任需要鼓励，需要信任，也需要信心。任课教师的鼓励会给他们增加信心，会给他们动力，让他们更努力地投入到班级管理中去。

七、骨干班主任教师要善于化解矛盾

维护良好的师生关系，化解学生与任课与教师之间的矛盾，是班主任协调工作中的重头戏。由于学生正处于青春期，非常敏感，加之功课太紧，学业较重，在日常教育教学活动中，容易与任课老师产生一些误解、矛盾甚至冲突。师生间的矛盾比较复杂，有时完全是学生的错误引起，有时是由于教师过严，态度过硬而导致的。无论哪种情况，如果处理不当，都有可能造成师生之间的对立，不利于教学工作的正常开展。因此，当科任老师与学生因某种原因出现对立情绪时，班主任一定要妥善处理学生与任课教师的矛盾，要坚持实事求是、尊师爱生的原则，及时疏导协调；使双方主动化解，绝不能出现贬低任课老师或同任课老师共同训斥学生的现象。既要维护科任教师的威信，也要让学生心服口服，不要产生怨恨与隔膜。

八、加强教师之间的情感交流

班主任与任课教师、任课教师与任课教师之间的关系，不仅是一种工作关系，更是一种合作，是一种协同努力的关系。因此，做好情感交流工作，是班主任协调任课老师的重要内容。情感融洽了，老师们之间的距离就缩短了；情感融洽了，老师们之间的配合就默契了；情感融洽了，压抑的心情就变得愉悦了；情感融洽了，辛苦的工作就变得轻松愉快了。

九、及时反馈学情

学生在成长，班级情况在不断地发生变化，因此，班主任就有必要及时地掌握学生学习上、生活上，心理上、生理上的变化，并把这些变化及时地反馈给任教师，以便及时了解，因材施教，加强教育教学的针对性。

十、为任课教师排忧解难

每一个任课教师在教育教学过程中，都有可能遇到工作、生活中的困难，甚至挫折，这时，班主任的协调就体现在及时的为其排忧解难上。作为班主任，要理解和明白协助任课教师解决教学中出现和遇到的困难，与解决班级工作中存在的问题有密切的关系。如经常向任课教师了解其学科作业上交和课堂学习情况，以便及时掌握学生的学习情况，防止学生偏科、厌学等现象的出现。在科任课上，个别学生会与老师发生一些摩擦，班主任对此类问题要冷静，要耐心听取科任教师的陈述和意见，要设身处地地理解科任教师，协助科任教师教育学生，同时要教育学生尊重老师。这样的协调工作能使得班主任与科任教师"抱"成一团，齐心协力，风雨同舟，共同把班集体搞好。譬如，英语老师感冒了，不能按时来上课，班主任及时补位，一方面对学生讲明情况，不使学生对英语老师产生误会，并引导学生课后慰问，同时，主动地与英语老师对调一节课。这样，英语老师不仅会与班主任形成良好的合作关系，还会在身体康复后主动地去补好课。

一个富有战斗力的班集体需要班主任能够协调好各任课教师，整合全体教师的力量和智慧。一个年级的管理更需要年级长协调好班主任和任课教师，大家心往一块想，劲往一处使，团结协作，共同完成年级的管理目标。

总之，班主任要想使自己的工作事半功倍，就必须协调好与各任课教师之间的关系，真诚相待，亲密共事。任课教师如果能和班主任通力合作，团结一致，形成一个以班主任为核心的目标统一的教育集体，教育效果就会远远超过班主任一个人的力量，就会创造奇迹。

第六章　从反思中成长

反思是对曾经行为的总结，也是下一次成功行动的机会。教学是一个循环往复的过程，反思在这里，就更有举足轻重的地位。能使教学经验理论化，并有助于提高教师的教学评价和总结能力。

在课堂教学实践后及时反思，不仅能使教师直观、具体地总结教学中的长处，发现问题，找出原因及时解决问题的办法，再次研究教材和学生，优化教学方法和手段，丰富自己的教学经验，而且是将实践经验系统化、理论化的过程，有利于提高教学水平，使年轻教师的认识能上升到一个新的理论高度。教学反思的过程是普通教师上升为骨干教师所不可缺少的积累教研素材、形成独特教学风格的专业化成长过程。

打造自己的品牌

品牌，作为一个商业名词，通常是一种过硬的产品质量、完善的售后服务、优良的性价比等的集中体现。

其实，各行各业中，只要是好的品质都能打造成好的品牌。教育界也一样，教师也能形成自己的品牌，那就是尽己所能，让自己成为骨干教师。

从某种程度上说，骨干教师本身就是一个好品牌。

其实，这并不光是教师自身的自我要求，更有社会的深切呼唤。现代社会，知识已经不仅仅代表金钱了，它更代表着生存。于是乎家长渴望优质教育资源，孩子呼唤名师的教诲。事实也确实如此，一个好老师，影响的不单单是一个孩子的试卷分数，更有决定命运的世界观、价值观。这些都是教师潜移默化地渗透给学生们的，最终形成骨干教师自己的品牌。

骨干教师的品牌不是鼓吹出来的，不是炒作出来的，而是在实事、琐事中做出来的、在做完之后反思出来的。真正的骨干教师是不会"头重脚轻根底浅，嘴尖皮厚腹中空"的，形成自己品牌有何难？实则不难，只要心有所想，就终有一天能够完成。凝练骨干教师的自己的品牌，有三个很显眼的印痕，那就是学习、实践、思考。

打造品牌需好学习。

作为一种品质，学习是一个人有所作为的前提，和供给你勇猛前进的食粮。社会发展迅猛，知识更新换代加剧，不投入学习的主流，观念就会

滞后，知识就会老化，而一个抱残守缺的人，在教学中不可能游刃有余，更不会形成自己整套合理、有效、独特的教育风格。要成为骨干教师，有高度的自觉性是必不可少的，脚踏实地地学才能学富五车、才高八斗。否则，亦步亦趋尚难做到，谈什么在教育工作中独领风骚？当然，书海邀游、网上点击只是学习的一个方面，还要善于向优秀教师学，从能够学到东西的人那里学起。从他们那里学优良的教学思想、丰富的教学经验、独特的教学方法，师承他人，造就自己。这种学习，可能以刻意模仿开始，但必须以博采众长、自成一体为追求。

打造品牌重实践。

学习不只是为了丰富自己，更重要的是为了指导和优化实践。骨干教师之路缺不了艰苦实践的探索。学习之外，还要经过反复实践，逐渐摒弃了说教式的教学，而形成了"以情感人、情理交融"的独特品牌。这种风格不是一蹴而就，一日成型的，而是摸索、实践的不断累积。实践出真知，探索长才干，一堂课怎样构思才有新意，学生怎样学习才效果最佳，这都需要不断实践。实践不息，探求累积，久而久之，则逐渐形成自己独特的风格，完善自己个性鲜明的教学方法。

品牌之路应善思。

思考、思考、再思考，是人类社会发展的原动力。对身边的教育现象再司空见惯的事物也要用心去咀嚼、体会，不断地琢磨、再三玩味那些理所当然、天经地义的常规和说辞。真理往往都是被掩盖在常理之下的，必须不断反思自己的教育行为，必须经常总结自己的教学得失。通过思考，聚集成功的点滴，纠正工作的偏误，从而不断完善，不断升华。

在平时的教学过程中，不妨让自己培养一种思考习惯：每次教后都要回忆和检查教学情况，想想哪儿教得好，哪儿有问题没讲清楚；学生掌握得好不好，什么原因，以后怎样设计才能教得更好，学得更轻松。有问题才能有答案、才能有进步。

具体来讲，骨干教师的品牌具体又有哪些？

一、成为骨干教师首先是要能提供优质的教育服务

那些通过延长学生学习时间、增强学生学习强度、侵占学生学习其他

课程和从事其他活动求得的质量不是真正的质量，也就是说，质量与效益是一对双胞胎，当我们考察质量时，必须同时关注效益，要分析达到现有的质量水平我们要付出多大的成本，我们付出这些成本值不值，还要分析学生是否为达到质量标准付出过于高昂的代价，他们的基本权利和身心健康有没有受到伤害。在这个前提下，我们再来考察，骨干教师就是让学生花费很低的成本，却取得很大发展的教师。

二、成为骨干教师要成为一个不可替代的人

越重要的角色在数量上就越加的凤毛麟角，没有稀缺性何来骨干之称。而骨干教师在学校里，就是一种不可替代的群体。他通常是教学骨干、德育骨干的统称。有自己的教学风格，让人一听，就知道那是你的课，有很高的辨识度。有相对固定却又不乏变化的且经得起考研的教学模式。除了教学上的严谨之外，还对学生深层次的思想问题有所研究，帮助学生道德观念的成长，形成良好的价值观和人生观。这更是普通教师所不可替代的。

三、骨干教师的品牌并不是非要吃得苦中苦才能得以实现的

1965 年，一位韩国学生到剑桥大学主修心理学专业。在喝下午茶的时候，他常到学校的咖啡厅或茶座听一些成功人士聊天。这些成功人士包括诺贝尔奖获得者，某一些领域的学术权威和一些创造了经济神话的人。这些人幽默风趣，举重若轻，把自己的成功都看得非常自然和顺理成章。时间长了，他发现，在国内时，他被一些成功人士欺骗了。那些人为了让正在创业的人知难而退，普遍把自己的创业艰辛夸大了，也就是说，他们在用自己的成功经历吓唬那些还没有取得成功的人。

作为心理系的学生，他认为很有必要对韩国成功人士的心态加以研究。1970 年，他把《成功并不像你想象的那么难》作为毕业论文，提交给现代经济心理学的创始人威尔·布雷登教授。布雷登教授读后，大为惊喜，他认为这是个新发现，这种现象虽然在东方甚至在世界各地普遍存在，但此前还没有一个人大胆地提出来并加以研究。惊喜之余，他写信给

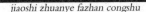
他的剑桥校友——当时正坐在韩国政坛第一把交椅上的人——朴正熙。他在信中说："我不敢说这部著作对你有多大的帮助，但我敢肯定它比你的任何一个政令都能产生震动。"

后来这本书果然伴随着韩国的经济起飞了。这本书鼓舞了许多人，因为他们从一个新的角度告诉人们，成功与"劳其筋骨，饿其体肤"、"三更灯火五更鸡"、"头悬梁，锥刺股"没有必然的联系。

骨干教师品牌的培养也是一样，所说骨干教师在数量上是相对凤毛麟角，但只要你对教育事业感兴趣，并长久地坚持下去就会成功，并不需要你付出多么昂贵的代价作为交换，更没有必要把自己弄得像个苦行僧一样。因为上帝赋予你的时间和智慧够你圆满做完一件事情。

第六章 从反思中成长

从经验总结中提升自我

总结在人类社会活动中占有重要的地位，总结过往的经验运用到以后的行为中去，可以在人生的经历中起到承上启下的作用。

科学地总结经验是帮助我们认识教育规律、推动教育改革、提高教育效率的重要手段。因此，把教育经验总结作为教育科研活动的重要组成部分，从方法论的角度进行学习，对提高广大中小学教师总结水平是十分必要的。

一个完整的经验总结过程，包括了整理事实，解释事实和抽象事实的三个环节，它也代表着经验总结的三个层次。

1. 经验总结的整个过程中，整理事实是基础，也是后面解释事实、抽象事实的逻辑起点，没有事实或缺少事实也就无法进行经验总结。

例如，对某位教师的教学经验进行总结，一般来说，要求通过问卷、调查、观察、资料整理等方法采集事实，希望这些事实内容丰富、形式多样，有反映成就的事实，有调动学生学习兴趣的事实，有图文并茂使用教学手段的事实。在列举事实方式上有图表，有教学实例实录，有教学图示和说明等。正是有了这些生动具体的经验事实，才使人们看了之后，会有一种实在感，而没有空洞议论和泛泛而谈的感觉。

2. 作为一项经验总结，光有事实还远远不够。如果我们不能很好地解释事实，说明这些事实的合理性，也就很难使人们能正确理解这些事实的价值，也就失去了经验总结的意义，当然就更谈不上能将自己创造性的实践在更大的社会范围内传播，被人们认可。

通常有许多教师往往满足"我只会做，不会写"，表面看来主要的原因是在于不会整理事实，不会解释事实，实质上是没有挖掘教育实践活动的意义和作用。更深刻一点来看，如果教师只停留在"会做"的层次，那么，这种"做"就仅仅是一个下意识的习惯行为，还不是一种有意识的自觉行动。我们只要认真翻阅各地知名教师的总结，就能发现他们对自己的实践活动中的许多事实作了整理，而且进行了一定高度的合理分解。其经验已从"必然王国"跨向"自由王国"，并熟练地在自觉认识的基础上反映于整个课堂教学进程中。

3. 经验总结如完成了整理事实、解释事实，那还只处于对已经过去的实践进行理性认识的阶段。如果将经验总结看成是一种研究，那么，还必须有一个抽象事实的阶段，即要把实践经验上升为理论，并提出规律性的认识来，使之对未来产生某种预测功能，从而对以后的实践产生普遍的指导作用。

一个合格的骨干教师是绝不会仅仅满足于对经验的总结，而是追求更高目标，也就是把经验转化为有理可依的理论，为其他教师的骨干教师成长之路打下坚实的基础。

方老师在借鉴国外外语教学中运用情境的同时，吸取了我国古代诗词中关于意境说的思想，在小学语文教学中，运用反映论的原理，利用形象，创设生动具体的场景，从而引导学生从整体上理解和运用语言，取得了良好效果。她由此提出了自己情境教学法的理论。她认为，运用情境教学法促进儿童发展经历四个阶段：

第一，在阅读教学中，创设情境，把言和行结合起来，进行片段的语言训练；

第二，通过"观察情境教作文"引导学生观察时，在情境中体验，展开联想，习作时再现情境中构思，在进入情境中陈述，促使学生感情的抒发；

第三，通过生活显示情境、实物演示情境、音乐渲染情境、图画再现情境、扮演体会情境、语言描述情境六种不同途径创设与教材有关的情境对学生进行美感教育，促使学生由感受美而入境、爱美而动情、理解美而晓理；

第四，在前三阶段的基础上，运用形式上的新异性、内容上的实践性、方法上的启发性三原则的情境教学，进一步促使学生的整体发展。

方老师提出的情境教学法，促成学生发展的四个阶段，是她经验的高度概括，其本质是将实践升华为一种理论。告知人们按这四个阶段展开情境教学，将会产生预期的效果，这就是一种理论。而这就是好的经验总结。

它赋予了创造性、高效性、可发展性。但是，理论的形成还是得来源于实践，在实践中得出经验。我们教师每天都在实践，所以，我们不能白白浪费了辛苦的实践，要从实践中总结出经验，从而进一步上升为理论。

我们每一位骨干教师都要具备高超的总结能力。一个完美细致的教育工作总结不能仅仅是荣誉的堆砌，也不能是蜻蜓点水式地说一下存在的问题，不是自我陶醉式的自吹自擂，而是要大胆地自我揭短，要勇于亮丑，要把问题与成绩并重，要坦诚地分析问题，制定切实可行的策略。这才是一个完善的总结，在这样的总结中我们的能力才能得到提升。

扫除心灵的障碍

第六章 从反思中成长

有一位骨干教师曾经这样描述自己的教学工作情况：

　　我一向工作认真，责任心强，在同事中有较高威信。校长出于对我的信任，提拔我做了副校长，让我一手抓教学。一开始很兴奋，事业上终于又上了一个台阶。但是，渐渐地我就觉得有点力不从心了。面对一大堆事情，不知如何调度，很多事情因为我的原因被耽搁下来。从此就总是觉得我辜负了领导和同事们对我的期望，工作上就更是畏首畏尾。学校中的不顺心使我回到家也显得呆头呆脑的，往床上一躺，不想做任何事情。看到妻子忙碌不堪，但我无法进行帮助。面对我那可爱的三岁小宝贝时，也不会像过去那样经常逗着他玩，对他的调皮经常大发脾气。

　　家里人劝说我工作上不要给自己的压力太大、思想放开些，不要过分劳累，要我看看电视、外出散散心，但我都不感兴趣，只想一个人待着。有时心里着急，就在房内徘徊，不知为什么心定不下来。这样下去怎么办呢？整日想躺在床上却又总是睡不着，晚上两三点钟醒来就无论如何也睡不着了。吃饭真像在完成任务，觉得在事业上真的没有翻身之地了。

看来，这位曾经的骨干教师如今抑郁了。抑郁症的核心症状是情绪低

落，这是每个抑郁症病人都必然具备的，而且这种情绪低落的出现是莫名其妙的，病人本人也奇怪怎么会无缘无故地出现情绪变化。

抑郁症由于"神志"很清醒，讲话也不混乱，又常常克制自己，因此，别人看来总认为他没有什么疾病，或认为是有思想问题。多数被认为是神经衰弱，所以病者得不到别人的理解，内心非常痛苦。

抑郁症的典型表现为情绪抑郁、思维迟钝、睡眠障碍等症状。容易出现抑郁症的人群大都为工作压力较大所致。

教师就是一个工作压力较大的职业，尤其是当一个普通教师上升为一个优秀、骨干教师而备受瞩目的时候更容易出现这种情况。在当今工作节奏快、工作压力大的经济社会中也较为正常，教师只要及时调节，就会自动平息下去，重新回归骨干教师的行列。

化解抑郁的具体策略上需要我们不应过分担忧，最好保持一颗平常心，有问题及时解决。建议尝试以下方法来预防和消除抑郁症状：

一、扩大交往圈，宣泄心中的压抑

认知心理学家认为，抑郁的念头是与抑郁的情感紧密相连的。抑郁往往是因某种情绪、情感被压抑而引起的，孤独常常是抑郁症的早期症状。有意识地多参加各种社会活动，尽量多交几个朋友并与之来往，这样治疗抑郁的效果常常胜过药物。或者找亲朋好友倾诉一番，有助于抑郁的消除。

据说美国南北战争期间，一位下级军官被一名士兵冒犯，他带着一肚子的愤怒、委屈和不满向林肯倾诉。林肯让他坐下，并给他倒了一杯水，然后说："这个问题不难解决，你只要写一封信狠狠骂他一顿，就可以迎刃而解了。"说着他拿来信纸、信封和邮票。这位军官很快就把痛骂那名士兵的信件写好，他刚要贴邮票准备送到邮局，哪知林肯却和蔼地告诉他："既然心里憋的怒气已经发泄出来了，我看还是把这封信烧掉为好。"这名下级军官按照林肯教导的方法做完后，心里埋藏已久的怨气果然排除干净，心情好了很多。现实生活中的"无损"发泄方式还有很多。比如你可以把自己的烦恼向朋友倾诉，或者给远方的父母和亲朋好友写信或者打

电话，也可以写日记。

二、认知调节，换个角度看问题

有些心理学家提出抑郁的图式：快乐的人戴着玫瑰色的眼镜看生活，这部分人倾向于发现积极的信息，忽视消极的信息，生活乐观向上、积极主动；而抑郁的人戴着蓝色的眼镜看生活，他们更关注消极的信息，忽视积极的信息，并用抑郁的方式解释模棱两可的信息，这意味着他们更容易回忆起不愉快的经历，把目前的经历和过去消极的事件联系在一起。抑郁者的信息加工是一种长久的保留消极思想、忽视和隐藏积极思想的方式。

部分抑郁症患者是由于对自身不满造成的，而使其满意的标准是一个理想化的模式，当这个模式达不到时，就会引起抑郁。理想化的模式通常包含有"必须"等绝对化的词语，如"我必须拿到骨干教师的职称"、"我带的班必须考年级第一"等，一旦达不到这些标准，个体就会失望沮丧。通过理性情绪疗法，可以改变个体不良的认知，达到改变抑郁症状的目的。有位诗人说得好："忧愁的眼睛到处看见凄凉，欢笑的眼睛到处看见光明。当背向太阳的时候，只能看到自己的影子，这时不妨试试转过身来，面向太阳，便会看到一个金光灿烂的世界。"

三、进行体育锻炼

美国加州一个科研小组在对 1800 名男女跟踪观察长达 18 年之后发现，不运动者患抑郁症的危险大大高于体育锻炼者。这是因为人的忧郁、烦恼等不良情绪通常发自大脑左半球，而产生愉快情绪的区域在大脑右半球。体育活动可通过大脑左右半球的活动转换，来排忧生乐、振奋精神。

每成长一步必然都要走过一段比较艰难的过程。难度越大，能够欣赏到的风景也就越美。我们也许会输给外界所带来的压力，但却坚决不能输给自己的心。心灵的障碍并不可怕，只要我们自己学会调节，就一定能克服它。

给自己的心加把锁

学校是一个社会的缩影，是一个小的社会圈子。受外界影响，有些学生家长难免会把社会中一些处事方法带到学校中来。比如家长为了自己的孩子受到老师重视，希望可以利用钱财或者物品来拉近与老师的距离，或者为了感谢老师对自己孩子的帮助而买礼物送给老师。

对每一个人来，利益诱惑当前，是非曲直都懂，但是到眼前的抉择还是要有一定的心理建设的。

这里有一则小故事：

有一个老锁匠，手艺远近闻名，更让人敬重的却是他的人品。因为他每次为顾客配钥匙，总要告诉人家自己的姓名和住址，说："如果你家发生了盗窃，只要家门是用钥匙打开的，你就来找我！"

老锁匠老了，为了不让自己的手艺失传，他决定在两个年轻的徒弟中选一个做自己的接班人。为此，他进行了一次考试。他准备了两个保险箱，分别放在两个房间，事先规定，谁能在最短的时间里打开，谁就有资格得到自己的真传。

大徒弟不到10分钟就打开了保险箱，二徒弟却用了更多的时间。答案好像已经十分明显。可就在这时，老锁匠突然向大徒弟发问道："保险箱里有什么？"

大徒弟连忙回答："师傅,里面有很多钱。"

这个同样的问题又给了二徒弟,二徒弟支支吾吾了半天,不好意思地说:"师傅,我只是开锁,没注意里面。"

老锁匠点点头,把保险箱里的钱给了大徒弟,宣布二徒弟为自己的接班人。大徒弟不服气,在场的许多看热闹的人也都议论纷纷,很不理解。老锁匠说话了:"我培养接班人有一个根本的标准,就是他必须做到心中只有锁而无其他,对钱财视而不见。否则,心存私念和贪心,一旦把持不住,去登门入室或打开人家保险箱取钱都易如反掌,最终只能是害人害己。我们修锁的人,每个人心上都要有一把不能打开的锁啊!"

老锁匠说得好,人心上都要有一把不能随随便便打开的锁。这就是德行。

古人讲"在心为德,施之为行"。你心里怎么想是德的问题,平时怎样做就是行的问题了。怎样做?用通常老百姓的话讲,就是做一个好人;对一个老师来讲,就是做一个不受利益诱惑的骨干老师。骨干老师是不带着卑鄙目的教书育人的人,骨干老师是抱有一种敢为孺子牛的心态去处事的人,骨干老师是苦学生所苦、乐学生所乐的人。骨干教师的品德体现在很多方面,但大家对骨干教师一致的评价是——"有好的德行"。

要成为一个优秀的骨干教师,你首先要成为一个好人,用高尚的道德和严格的自律约束自己的行为,千万不要为外物蒙蔽了自己的眼睛。

由于群众生活水平的日益提高,人与人之间的交往观念产生了变化,有些家长出于一定的愿望和需求,总希望通过各种方式作出表示,表达家长对教师辛勤劳动的尊重和慰问,或企望老师能对自己的孩子多予照顾、教育和培养。这种心情是可以理解的。所以,面对学生或家长送来的礼物,我们的教师应多做说服解释工作,使家长理解、相信老师对每一个学生都是热爱的,负责的,劝说家长不要采取送礼这种方式。最忌老师对学生或家长的礼物来者不拒,在钱财上与家长拉拉扯扯,甚至出现向学生索要或变相索要财物,让家长为自己干私活等现象。这严重违背了身为教师应必备的师德。

如果教师经常接受学生、家长的礼物，不但会影响个人的形象，还会妨碍我们对学生进行正常的、应有的教育。也就是说只要教师稍不检点，就会失去教育学生的权利。所以教师在任何情况下都应保持两袖清风，把人生的目的和追求寄托在百年树人的大业之中，甘做红烛，甘当人梯，兢兢业业，廉洁从教，以高尚师德维护人民教师的尊严。

一名合格的骨干教师在面对诱惑的时候是这样对待的：

1. 平时教师应多和学生及家长接触，让他们在潜移默化中明白师生之间、老师与学生家长之间的纯真感情应建立在相互激励进步、共同培育新人的基础上；在召开家长会时，更是要郑重说明"送礼"对孩子的影响有害无益，也容易使班主任的工作陷入被动，恳请家长理解、支持。

2. 有时某学生取得了进步，有了转化，其中老师确实花了一番心血。家长想通过送礼，诚恳表示敬意，这怎么办呢？此时，班主任可抓住教育时机，借此向学生提出新的努力目标和严格要求，并热忱指出"希望你取得更大的成绩向老师汇报，那时将是老师最为高兴的"。对家长，可请他们更好地配合老师培养学生，并积极支持学校的工作。

3. 关于学生向老师送微薄的、精神上的礼物，如教师节、元旦佳节时，同学们为老师自制了明信片、贺年卡等。这些礼品表达了学生的一片心意，当然要收下，并表示感谢。

4. 遇到个别家长完全出于个人目的而送礼，并企图让老师失去教育原则，在这种情况下，教师要以对学生高度负责的精神，向家长严肃指出利害关系，让家长相信老师一定会公正、合理地处理好学生问题；然后，恭敬地请家长把礼物带回。如家长执意留下，隔日，老师可予以送回或至少要做到按价付款。

诚如一位班主任拒礼后所说："……育人是我们分内的工作，收礼是吃学生、吃家长。它把美好、纯洁的师生关系庸俗化了，污染了学生心灵，降低了我的威信，使我无法教育和严格要求我的学生……"

可见，教师不应该轻视学生家长给自己送礼的问题。

一个优秀的骨干教师永远也不会被利欲蒙蔽眼睛，他将时刻用职业道德与高尚的人格规范自己的行为，努力保持德与行的一致性。当利益在前时，他丝毫不为所动，因为他的心头有一把打不开的锁。

反思，骨干教师的必经之路

"思之不缜，行而失当"。人类早在古代社会就有反思意识，"反求诸己，扪心自问"、"吾日三省吾身"等至理名言就是佐证。现代社会反思已成为人的自觉行为，尤其是教师这一职业的特殊性，更是把反思作为一个教师工作优劣的基本标准。而且，教师在教学中的反思真的可以消去工作上的弊端，受到教益，起到"借石攻玉"的效果。

我们很多人都认为世上最宝贵的要属金钱、名表钻戒。其实都不是，真正珍贵的东西是那些已经经历过的时光岁月。虽然它已经代表过去，但它留给我们的印记是不会轻易抹去的。如何把曾经的所经历过的事物变成宝贵的财富？只要我们时刻回顾它、琢磨它，以从过去得到的经验用作现在或以后行为的参考就可以了。这也是我们讲的反思。

如果，过去了就那么让它过去的话，就等于说你所经历的快乐或者是苦难都白白经历了，你并没有从中学会什么，如果有一天再让你经历一次的话，你依然会再次遭受一遍当初你所遭受的无奈、苦难。用老人的话讲就是：白活了。

《现代汉语词典》中对"反思"的解释是这样的："思考过去的事情，从中总结经验教训。"从这句话可以看出，反思的根本目的是要从过去中总结出教训，下不为例。

教学中教师的反思是把自己作为研究对象，研究自己的教育理念和教育实践，反省自己的教育教学实践，反省自己的教育观、教育行为及教育

效果，以便调整、改进和提升。教师反思的本质是一种理解与实践之间的对话，是这两者之间相互沟通的桥梁，又是理解自我与实现自我心灵上的沟通。值得指出的是，反思并非教师对教育教学工作进行一般意义的思考和回顾，而是根据反思对象的不同，采取相应的反思方法和策略，达到反思的目的。教师的反思能力是其专业发展和自我成长的核心要素，也是现代教师素质的重要组成部分。教师实现自我发展就必须提升自我反思能力，尤其是教学反思能力。

教学反思能力是指教师在职业活动中，把自我作为意识的对象，以及在教学过程中，将教学活动本身作为意识的对象，不断地对自我及教学进行积极、主动的计划、检查、评价、反馈、控制和调节的能力。按照教师教学工作的时间顺序，我们可以把教师的反思分为以下几个类型：

1. 教学实践活动前的反思

教学实践活动前的反思是指教师在进行教学设计时的反思，包括对教学目标的叙写、教学材料的处理、教学行为的选择、教学组织的设计、教学方案的编制等进行反思。教学实践前的反思对教师的接下来的工作效率至关重要。要求教师进行教学设计时，首先要对过去自己或他人的经验进行反思，使新的教学设计建立在对过去经验和教训的基础上，具有前瞻性。教师在比较反思中不断加深对教学内容的理解，形成独特的经验，增强教学设计的针对性。

2. 教学实践活动中的反思

教学实践活动中的反思主要指教师在进行教学时，能否根据教学情况及时反馈，能否灵活有效地控制、调节教学活动，对学生的参与、交往、达成状态进行反思。这种反思具有监控性、灵活性，主要考验和培养教师的临场反应能力，强调解决发生在课堂教学现场的问题，使教学高质高效地进行，提升教师对教学调控和应变的能力。

反思时，应认真做好反思记录。反思记录的内容主要包括：总结成功的经验；查找失败的原因；记录学生的情况。

3. 教学实践活动后的反思

教学实践活动后的反思主要指教师对整个课堂教学行为过程进行思考

性回忆，包括对教师的教学观念、教学行为，学生的表现，以及对教学的成功、失败进行理性分析，提出改进意见。教学实践活动后的反思具有批判性，尤其要把在教学实践中的错误做详细剖析，以便从中获得经验教训，为下一次的教学做准备。

由于教育教学工作具有科学性、艺术性、创造性和时代性的特点。在新课程理念下，教师在工作中更需要不断地反思，细心地审视和分析正在发生的一切教育教学现象、自己实施的教学方式、教学行为、教学方法是否符合新理念，是否有利于学生们个性的发展，是否有利于学生能力和素质的提高。所以，反思能力是教师持续发展所必备的素质之一。只有学会反思，一个人才能不断矫正错误，不断探索和走向新的境界。

学校应切实减轻教师的工作强度和负担，给予教师自我反思的时间和机会，来充分调动教师的积极性、主动性、创造性。比如，可以将教师的反思在同事间传阅、鼓励教师写听课后的反思、让教师在大庭广众之中公开袒露自己的想法等，只有在这样宽松的氛围中，教师才能大胆地交流各自真实的想法，相互沟通、质疑、探讨，进行有质量的反思活动。

那么，怎样培养教学反思能力呢？

一、建立教师成长档案袋

成长档案袋建立的过程是教师对已有经验进行系统化整理的过程，是对自己成长的记录过程，也是教师对自身教育教学进行反思的过程。教师在记录、规整成长档案的过程中，能够清楚地看到每一个进步脚印的前进过程，亲眼目睹自己由一个普通教师到骨干教师的成长细节。

二、在学习中提升反思能力

教师要永远保持学习的状态，要不断学习教育改革的理论。实践的困惑和迷茫反映出对理论理解的浅陋和偏离，只有将实践中反映出来的问题上升到理论层面加以剖析，才能探寻到根源，使主体的合理性水平得到提升和拓展。在多读优秀教师教学经验的基础上，反思自己，将读与思、读与教、读与研结合起来。要以新教育理念为出发点，以新课程的基本主张为参照点，注意形成反思的框架，实施对教育教学活动的评判、思考活动。

1. 观看录像反思教学

通过录像再现教师的教学过程，让教师在自我分析与他人评价相结合的过程中反思自己的教学过程，包括对学生的表现和发展进行评估，对教学的成功与失败之处进行分析等，这样可以找出在语言和体态上的一些问题。

2. 学习文献的经验

在教育理念、教育内容和教育手段不断推陈出新的今天，要成为反思型教师，只有不断地丰富自己的知识储备，才能掌握先进的教育理念，用新的视角去审视自己、审视学生、审视课程，也才能不断地更新自己的认知结构，实现教师成长过程。

三、要善于总结经验，向榜样学习

榜样的力量是无穷的。这些教育实践家的成功所包含的实践智慧中涵容了教师反思内容的所有方面，体现了教育事业之价值的广博和丰富。对于这些典型要仔细观察、细心体会、积极思考、用心揣摩、反复推敲，探其精微，寻其奥妙，找出自己的差距，然后博采众长，不断充实和提高自我。

四、要有鲜明的问题意识，善于捕捉反思对象

有问题、有障碍才会有思考、有分析。教师在开展教育反思活动时，要注意形成自身的问题意识，要善于在稍纵即逝的现象中捕捉问题，在貌似没有问题的地方发现问题。就拿教学来说，如果教师有明确的问题意识，就可能在教学的方方面面发现问题，例如在教学目标、教学内容、教学方法、教学程序、师生互动等方面。教师只有"跟自己过不去"，不断给自己出难题、不断检查自己的工作、提出新的奋斗目标，才能不断超越自我、完善自我。

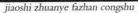

五、加强交流合作

教师在专业成长的路上，必须学会与专家交流、与同事交流、与学生交流，并在此过程中进行反思，使自己的认识得以不断提高。

除了自身的努力外，学校应该向教师提供和展现形式多样的研究性反思的途径与方法，让广大教师认识到可以针对不同的内容、不同的对象，在不同的情形下，多角度、多层面地分析思考，丰富反思的方式。

六、作持续不断的系统化思考

偶尔的反思并不困难，也是绝大多数教师能做到的，但持续不断的系统反思却不见得是每个人都可以轻易做到的。课程改革从理念到实践，从个体到全局，从教师到学生，从课堂到管理、到评价，都是全新的变革，都是脱胎换骨的改造。作为研究的反思，应该是持续的、不间断的、系统的，它摆脱了零散片断反思的状态，将反思融入教育教学的全过程，从而在很大程度上保证了教育教学研究的针对性和有效性。

下面是一名骨干教师对教学反思的一份报告，颇有心得体会，值得教师朋友借鉴：

　　教学反思能使每一个教师保持一种积极探究、永不自满、永远进取的心态。有人说："如果不进行批判反思，生活在当今就是生活在过去的牢笼里。""没有反思的经验是狭隘的经验，至多只能是肤浅的知识。"没有反思，就不会有问题意识、教研意识和改进教学工作的可能，教师也就不会有进步。

　　教学反思是充分挖掘自己专业素质发展资源的主要方式。传统的观念认为教师的经验是教师发展的重要资源。新课改的理念表明，反思是连接教师自身经验与教学行为的桥梁，没有反思的经验毫无价值，即成长 = 经验 + 反思。相反，如果一名教师仅仅满足于获得经验而不对经验进行深入的思考，那么即便他有20年的教学经验，也许只是20次工作的重复。

教学反思是优秀教师发掘自己潜藏的教育思想的工具。它既要求教师教学生"学会学习",又要求教师"学会教学",在发展学生的同时,实现教师自身的提高。所以,学会了反思,就会对自己和他人的行为观念有更深层次的认识,它有助于教师把自己的经验升华为理论,由经验型发展为反思型教师;有助于教师获得专业自主;有助于教师形成优良的职业品质;它能大大缩短经验型教师成长为学者型教师的周期。

如何进行反思?

一、通过对自己或他人的教学过程进行反思。一节课,一个单元,一个阶段检测……想一想,教学目标是否达成,教学过程是否得以优化,教学方式和策略是否适当,教学手段有无优越性,教学绩效如何,其中蕴含着情感、态度和价值观又是如何。从微观层面来看,可抓住四个点反思:

1. "成功点"

一堂课上下来,总会觉得有些地方上得比较顺手,达到了预期的效果,引起了教学共鸣。你就可以反思:为什么这些地方会取得成功?它体现了哪些新理念?具体可对以下几个方面进行总结、思考:

(1) 教学目标是怎样得到有效落实的?

(2) 如何恰当地处理教学内容的?

(3) 因为采取了什么手段而使教学重点突出、难点突破的?

(4) 哪几个教学环节效率最高?为什么?

(5) 学生的主体性体现了没有?调动学生学习积极性方面采取了哪些有效措施?

(6) 在调控课堂方面有哪些成功经验?

2. "失误点"

尽管教师在备课时力求准确完善,但由于学生直接参与课堂教学的特殊性,决定了教师难以真正全面把握好每一堂课或每一个环节,因此教学过程难免有疏漏之处。当教学出现失误时,课

后可以从以下几方面展开反思：

(1) 学习目标是否脱离学生实际基础？

(2) 教学内容的安排是否妥当？

(3) 教学重难点是否突出？

(4) 教法与学法的选用是否符合学生的身心特点？

(5) 学生为什么会缺乏兴趣或启而不动？

(6) 实际教学是否死扣教案，缺乏灵活性？

对以上问题要从主、客观两个方面去寻找原因，采取对策。

3. "创意点"

课堂教学中，随着教学内容的展开，师生行为和思维的发展以及情感的深入交流，教师有时会灵机一动，突破原先教学预案的框框，产生一些有益于教学的灵感，及时调整教学，会取得意想不到的效果。学生也会在教师的激励、启发下，产生一些具有独创性的想法。对这些师生之间的智慧闪光点，课后要及时地把它们捕捉下来，这些都是教学研究的鲜活材料。然后对这些材料进行深刻反思，寻找隐含在背后的理论依据，上升到一定的高度，获得规律性认识，那就是一篇极好的教学案例。

4. "后续点"

大量实践证明，成功的教案不在课前，而在课后。教师教完一堂课，对教学情况进行了全面的总结与反思，获得了许多成功的经验和失败的教训，然后根据这些体会和学生反馈的信息，寻找到了实际教学与备课设想之间的差距。在此基础上对原先教学设计进一步进行修改完善，为以后再教该内容提供了实践上的保障。同时，也为后续课时教学预案的设计提供了借鉴。经过这样多次地实践、反思、再实践、再反思，后续教学的失误之处就会越来越少，教师驾驭课堂的能力就会不断提高，课堂教学才会逐渐走上良性循环之路。同时将反思的内容以教学日记、教学随笔、教学故事或论文等形式记录下来，抓住典型案例，深入挖掘，"小题大做"，充分发挥并能够经常回味，不断调节，不断发

第六章 从反思中成长

展，特别是要反思所采用的教学方式，在"接受式"和"探究式"中寻找平衡，而不是折中。应该是取长补短，合理安排，真理往往是走在两个极端之间的平衡木上。不同的阶段、不同的课程、不同的学生、不同的过程都有不同的方法，要根据实际情况优选，提高教师思考力，进行有意义的行动研究，实现既定的教学目标。

通过对学生的学情分析进行反思。以新课改关注学生的需要和发展状况为出发点，通过观察学生的学习状态和研究学生的学习信息，反思自己"教"的行为、"教"的目的和"教"的思想，通常可以采用下班答疑辅导、进行问卷调查、建立学生成长档案、写学情分析日记、召开师生座谈会等方式，不断完善与学生的沟通。

通过邀请同行、专家观察和分析自己的教学来反思。课程改革最终要落实在课堂上，课堂的革命是"静悄悄"的思维革命，而不是表面的热闹。应该开放自己的教学，大胆、主动地上观摩课、公开课、录像课，有条件的还可以通过"博客"平台，通过与同行、专家的交流和对话，使自己看到如何用新课改的眼光看待自己的教学实践，并由此促进教师之间合作学习，共同提高。

通过征求家长对学生发展的意见反思自己的教学。一般学生家长都十分关心孩子的发展，他们对孩子的观察、了解、思考往往是我们难以知道的，所以倾听他们的意见，也是教学反思的必要途径。具体方式有通信、家长调查表、家长座谈会、家长联系手册等。

总之，教学反思是教学工作不可缺少的一个过程，是骨干教师成长中的重要历程，通过反思可以提高教师教学的自觉性和科学性；通过反思可以培养教师的观察能力、思维能力；通过反思可以使教师的思考由不成熟到成熟，由成熟到理性；通过反思可以使教师扬长避短，不断修正错误，不断创新。

第七章　与时俱进，勇于超越

　　教育事业是一项永远都要探索、创新的事业。时间在流转，教育工作者的探索创新就不应该止步不前。满足于现状这种工作态度是不应该出现在一个教育工作者身上的。不断的超越才有不断的进步。

　　骨干教师是一个教育团队的领军人物，所以，骨干教师是否拥有勇于探索创新的精神意义重大。应该不辱一个领头人的使命，不断学习补充知识食粮以便有前进的动力，还要适当地停下脚步反思所走过的道路，完善自我；不但要尊重前人教学成果，教书育人，更要与时俱进地相信真理，不畏惧教条，要有权威地打破世俗的勇气。

永不甘于平庸

什么是平庸？

碌碌无为、得过且过、不求上进，把美好的生命浪费在繁琐的、毫无意义的小事上意味着平庸。虽然表面上安全，其实那才是最大的危险；为避开最大的危险，就要拨开安逸、平庸的表面去冒险，以求不断地寻求突破，追求卓越。

平庸之所以危险，是因为平庸会让我们觉得这世上没有想要去争取的东西；一旦"无欲无求"就会使人失去竞争天性，失去个性，成为一个平庸之人。平庸的结果是经不住这大千世界中的物竞天择，逐渐走向消亡。

现实生活中的平庸总会让人产生误解：认为做成大事的成功者，才能被认为不是平庸者，而是卓越者；其余的都谈不上是卓越者。这样说的话全世界 90% 的人都是平庸之人，只有那握有世界 90% 财富的 10% 的人才能称为卓越之士。那么几十年始终如一坚守在自己岗位上的工人是什么？倾尽家产赞助失学儿童的人是什么？培养了无数精英人士但一生都默默无闻的教师又是什么？

在这个问题上，我们应该客观、辩证地看待。做大事，但是是坏事，所以还不能称得上是卓越；做小事，会因为它有意义而不能称之为平庸。

所以，不能因事小而不为之。超越平庸，更应该从小事、从身边工作入手。

作为教师，超越平庸、追求卓越应该是我们终身的奋斗目标。因为一

个人自己的平庸、卓越与否，都关系到自己教育过的成百上千的孩子们的价值观。因此，不但自己不能趋于平庸，更要引导学生们——未来的接班人赶超平庸、追求卓越。

什么才能称得上是卓越？超越平庸的生活方式，不随波逐流、人云亦云，做有意义的事，不为人后的人生态度就是卓越。简而言之，追求卓越，就是尽一切能力，在现有的条件下创造出一种最完美的境界。

古今中外有很多品质卓越的人，他们或者在自己的岗位上默默无闻，奉献着自己的青春；或者身兼重任地改变了历史的进程。无数豪杰人物，都不是生来就具备这些品德的。从平庸到卓越都要经过一个必然要走的过程。

如果现在你还正处于平庸状态，若想改变这种状态的话，应该怎么做呢？在教育界中也就是说：如果你还是一名普通教师的话，要成为骨干教师又能做些什么？

一、坚定立场

所谓坚定立场，也就是说不要随波逐流。就好比做生意，一个行业，第一个做的人肯定是获益最大的人，越是后来加入的人收益越少，甚至赔钱也说不定。吃别人剩下的饭味道总是不会太好。所以，拒绝平庸的关键点就在于别总是跟在别人后面走路，只要是自己经过确认后认为正确的事就应该坚定信念、鼓足勇气地做下去。随波逐流、总是跟在别人的后面求生存的做事原则好处只是好在遇到的危险系数会降低，而坏处在于这条路上能捡到宝的话也会被你前面的人捡到，你的角色只是跟在别人的后面白白地走一遭。

二、拒绝平庸

判断一个问题，不是用眼睛观望一下周围的人、事、物就可以的。真正做到正确的判断，要用心去感觉，然后裁断。对待平庸的工作态度也是一样，只有教师首先在心里明白平庸给我们职业前景所带来的危害后，才能从根本上拒绝平庸。

三、用知识武装战斗力

教师如果不静心读书、反思、实践，即便主观上达到了"拒绝平庸"，可客观上依然徒劳无益难逃宿命。为何？用事实说话！我们身边的许多老师又何曾安于平庸？有何尝未作激情挣扎？可结果怎样呢？读书了，可随性兴趣挑选书目，没有系统建构也没有深入研讨；有想法了，可如同电石火花一样消失在刹那，没有整理也没有追溯；认识了几位有层次的好友，可相伴一段岁月之后，渐渐远离，激情终将化为曾经的豪情和几句口号，作为聊以自慰的回忆。不止一次地自责，也用更多次数地挣扎，过去如此，现在依然如此，不知道能够撑多久。拒绝平庸，似乎是起码的一个学习理念，可又是多么难以企及的一个生活理念啊！

四、用反思得以巩固

要做有思想、追求卓越的骨干教师，关键是要在反思中进步。我们前面也讲到了反思是进步的动力与助力，唯有诚实的反思，甚至是对于自身的无情的解剖与批判，才能找到自我思想进步与成熟的正确的方向，反思不仅仅为了批判，更大的意义是重建，思想的建树不一定要成名成家，可以一鳞半爪，可以单线勾勒，自成一体，如果一直这样努力与坚持下去，我们的思想也会从简单走向成熟，从纷乱走向明晰，最终建树起属于自我的独立的思想体系。

为了我们共同的教育之梦，勇敢地站出来，向自己的过去怒吼：请平庸走开！向自己的未来呼唤：请卓越过来！勿让自己在中庸体制下随波逐流，沦为尔尔之人。

加拿大一位病态心理学家汉斯·塞耶尔在《梦中的发现》一书里，作出了一个惊人的估计：人的大脑所能包容智力的能量，犹如原子核的物理能量一样巨大。从理论上说，人的创造潜力是无限的，是不可穷尽的。也就是说，自甘平庸的人之所以整天浑浑噩噩，碌碌无为，并不是因为他们没有才能，没有机会，关键在于他们没有把自己的无限潜能开发出来。

所以，超越平庸的第一步应该从我们的思想开始，相信自己拥有超越

平庸、追求卓越的潜能，给自己树立一个成为名师乃至教育家的远大目标。

拿破仑曾对自己麾下的百万雄兵说过这样一句话："不想当将军的士兵不是好士兵。"而今天，我们要说："不追求卓越的教师也不是优秀教师。"

关于骨干教师的标准有很多，如果一位教师能够做到以下几点，应该可以称得上是卓越了：对眼前的工作充满热爱，尽职尽责；任何时候都井井有条，准备充分，一切尽在掌握中；认识到提高教学与学习的关键就是要不断思考、学习和研究；知道什么样的教学方法能够收到成功的教学效果；深受学生的尊敬和喜爱，关注每个学生的学习和成长过程，帮助他们进步和发展；帮助学生在测验和考试中取得满意的或超出预期的好成绩；永远都保持探索、创新的教学精神。

每个想要摆脱平庸的教师都可以将上述标准作为衡量自己进步的标尺，以便使自己发展成为一名优秀的骨干教师。

事实上，卓越与平庸往往只差一小步。在工作中，每个教师的天分，加上专业领域的知识训练，再为自己的工作多一点点热情和热爱，正是你从平庸跃升到骨干教师之列的关键之处。

第七章 与时俱进，勇于超越

不怕起点低，就怕境界低

人们常说，三岁看到老，起点决定终点。其实这话并不科学、理性，从根本来说是很片面的。

从小到老，从起点到终点，过程之中还有一个因素在起关键性的作用，那就是一个人的处事境界的高低。

所谓境界，笼统来说就是感知力，简而言之就是主观性，也就是一个人的思想。我们都知道：物质是第一性，精神是第二性的；物质决定精神，精神又能反作用于物质。哈佛大学一项研究表明，工作中能否做出成绩，态度占85%，知识和智力只占15%。所以说，精神力量在我们一个人的一生中起了决定性的作用。所以，我们可以说：不怕起点低，就怕境界低。

有些教师自认为以前基础知识没有打好，教书教了大半辈子，倒也真的什么成绩也没有教出来，几十年如一日还是一个普通的小教员，在后起之秀的优秀教师行业里更是深感自己的一事无成。自认为本来自己的起点相较于别人太低，这样的结果也是早就能够预料的，现在这样还正好印证了自己的预言。可实际上，正是这种还没有做就先否定自己的行为做法才导致了更加消极的态度，以及最后真正的失败。

邓亚萍，这个家喻户晓的"乒乓皇后"，现在的经济学博士，无论在哪个角色上都在起点和境界的这堂课上给了我们太多的启示。

乒乓球这项体育运动是我们的国球。在我国，乒乓球就相当于巴西的足球一样受人爱戴。每年都有一大批孩子投入到专业的乒乓球训练之中。大大小小的比赛不断。由此可见，想要在此运动中拔得头筹是何等之艰难。

邓亚萍，这个仅有 1.55 米高的运动员，即使在乒乓球这项不需要高大身材的运动项目上也过于矮小。对于自己过低的起点，她并没有灰心丧气，而是以乐观的心态从弱点中硬是找到潜在的优势，最后以坚韧的意志力熬过种种关卡的。训练累得实在动不了，只要一听到加油声，一咬牙，挺过来了；遇到了难题、关坎，教练一点拨，通了；比赛遇到困难，观众一阵吼声，劲头上来了，转危为安。令人费解的是，这位"乒乓皇后"却在自己事业最为辉煌的一刻退出了球场，而选择了上学，来开始她人生中又一个起点，几乎为零的战役。

她从最难的语言关开始逐一突破到了现在的博士学位，其中的艰难可想而知。在以后的采访中，被人问及为什么要"自找麻烦"时，她说："我想体验不同的人生，我想证明给不看好我的人看，也证明给我自己看。"这个就是高境界弥补低起点的人生精彩所在。

同样是体坛的风云人物，让我们再来看看 NBA 球星博格士：

几年前，许多人喜欢看 NBA 的夏洛特黄蜂队打球，特别喜欢看 1 号博格士上场打球。

博格士身高只有 1.6 米，在东方人里也算是矮子，更不用说在即使身高两米都嫌矮的 NBA 了。

据说博格士不仅是现在 NBA 里最矮的球员，也是 NBA 有史以来破纪录的矮子。但这个矮子可不简单，他是 NBA 表现最杰出、失误最少的后卫之一，不仅控球一流，远投精准，甚至在高个队员中带球上篮也毫无所惧。

博格士是不是天生的好手呢？当然不是，而是意志与苦练的结果。

博格士从小就长得特别矮小，但他非常热爱篮球，几乎天天都和同伴在篮球场上玩耍。当时他就梦想有一天可以去打 NBA，因为篮球深受美国人乃至全世界人的喜爱，NBA 更是全世界篮球的圣地，是所有爱打篮球的美国少年最向往的梦。

每次博格士告诉他的同伴："我长大后要去打 NBA。"所有听到他的话的人都忍不住哈哈大笑，甚至有人笑倒在地上，因为他们"认定"一个 1.6 米的矮子是绝不可能打 NBA 的！

他们的嘲笑并没有阻断博格士的志向，他用比一般高个人多几倍的时间练球，终于成为全能的篮球运动员，也成为最佳的控球后卫。他充分利用自己矮小的"优势"，行动灵活迅速，像一颗子弹一样，运球的重心低，不会失误；个子小不引人注意，投球常常得手。

博格士不怕人嘲笑，也不计较自己的身高，他能够巧妙地把自身的"劣势"转换成"优势"，所以，创造了自己的奇迹！

每次看到博格士像一只小黄蜂一样，满场飞奔，心里总忍不住赞叹。对篮球的热爱把他推向了本不属于他的世界中，还为自己赢得了世人的认可。不仅仅圆了自己的篮球梦，也给了同样和他一样身材矮小而酷爱篮球的篮球迷们一个心灵上的抚慰和现实中的希望。让我们再一次见识到了高境界是无所不能的。

大量深入的研究表明，先天的才能与成功并没有必然联系。起点高的人往往并不是最有成就的人；最有成就的人，有时却是那些起点不高、境界高的人。

成功是怎样得来的？它最需要的是一种坚强的精神品质，需要坚忍不拔的毅力。"贫无可奈惟求俭，拙亦何妨只要勤。"哪怕是笨鸟，也可以先飞。而那些陷入失败中的人士，他们的致命弱点恰恰是根本就不想飞、不肯飞，他们躲在公办体制这顶大伞里，怕外面的风雨，怕太阳的炽热，怕路途的坎坷，怕寒风的凛冽，怕秋雨的狂暴，怕黑夜的漫长，怕身心的疲惫，怕失败，怕出丑，怕这怕那，到最后，人生都淹没在"怕"的海洋里了。

养成一个崇高的人生境界并把它勇敢地付诸于实践，成功说来就这么简单，面对一项实验，请你勇敢去做；一堂公开课，请你勇敢地准备；大会交流，请你勇敢地讲述；交给你一个所谓的乱班，请你勇敢地接受。每一次勇敢，或许都是一次阵痛，但同时也是一次难得的成长机会。因为，成长的代价就是培养一种态度、境界，接受挑战。

有人说，教师是一个非常稳定的职业，只要进入这个行列之中，就完全可以高枕无忧了。这个观点在现今来说，已经可以称之痴人痴梦了。请从眼前的安逸、享受和懒惰中走出来吧。你享受了眼前，便不能享受将来；你现在怕吃苦，到头来吃一辈子苦。

生物学家做过一项实验：同种生物放在两种不同的环境中，一种是非常舒适的环境，一种是要通过努力才能取得食物的环境，结果永远是生活安逸的生物不是早死就是病死，而在恶劣环境下的生物却过得非常快乐而且长寿。人也是一样，凡是那些在艰苦环境中成长起来的人，都是比较坚强、有活力并能取得成功的人。从现在开始"起飞"，还不算晚。从现在"起飞"，你的教育生涯一定能够精彩美好。

让我们培养一种敢于吃苦的境界，勇于挑战困难的境界，还有向高起点发出挑战的境界吧。

第七章 与时俱进，勇于超越

树立创新教育理念

我们在迎来了日新月异、全球化浪潮迅猛发展的时代的同时，社会各界，尤其是教育界也面临着巨大的冲击、挑战和机遇。新形势、新情况、新问题层出不穷，教育的担子重了，时代对教师的要求高了，教学环境变了。那种"一支粉笔一本书"就能当好教师的年月，一去不复返了。

在这个求新求变的时代里，创新已经成为了一个逐渐被世人广发接受的理念。在教育界尤为重要。骨干教师作为教师群体的领军人物更加要有创新的教育观念。因为创新理念是行为的灵魂，起着统率和突破旧观念的作用。先进的教学理念可以产生积极的教育行为，使教育获得成功；而落后的教育教学观念将导致教育的失败、教师自身职业生涯发展的滞后，更重要的是会影响我们学生的人生发展。

培养创新理念需要教师具备哪些能力呢？

1. 创新型的骨干教师要善于思考

也就是说要有自己的思想。而这种思想的形成就应当建立在学习、理解、批判、质疑、建构和通过消化吸收进而创造的基础上。

教育创新的基础在于教育实施者。要具有发现问题、分析问题、解决问题的能力。亚里士多德说："思维是从疑问和惊奇开始的。"当一个人长期处于无问题的状态，则说明其没有积极思考，没有进取，也就没有发展和创新。而善于思考的头脑中就会自然而然地涌出许多问题。

2. 确立自己的发展目标

敢于突破条条框框的勇气而树立好自己的目标不盲从跟风，找到适合

自己并有利于自己的职业发展，在具体实践中不断地进行调整，在不同的阶段中找到自己发展的位置，确定不同层次的职业发展目标。这也是创新理念的一种诠释。加强学习与信息交流，尽力解决那种由于信息不对称、判断能力差所带来的弊端，减少盲从行为，理性地看待问题，都有助于培养创新型骨干教师的目标。

3. 创新型骨干教师应该敢于否定自己

以英特尔公司副总裁达维多的名字命名的"达维多定律"，认为一家企业要在市场中总是占据主导地位，那么它就要永远做到第一个开发出新一代产品，第一个淘汰自己的产品。这一定律的基点是着眼于市场开发和利益分割的成效。从教育观点来看，教师想培养创新理念，也要彻底地进行自我否定。把退路封住，才能建立起最大勇气来寻找新的道路。

1993 年美国大选中，克林顿曾经说过一句话："我们要改变游戏规则！"而布什总统却说："我有丰富的经验！"所以，布什落败了，其中的一个重要原因，就是输在"往后看"，而不是"往前看"。

可见向后看，或者原地不动这种思维方式或是行为模式对一个人的发展是非常危险的。

第七章 与时俱进，勇于超越

　　法国科学家约翰·法伯曾进行过一个很著名的"毛毛虫实验"。他在一个花盆的边缘放上一些毛毛虫，让它们首尾相接，围成一个圈，同时在离花盆周围 6 英寸（1 英寸 = 2.54 厘米）的地方撒了一些它们最爱吃的松针。由于这种毛毛虫天生有一种"跟随者"的习性，因此它们一只跟着一只，盲目地跟着前面的毛毛虫，绕着花盆一圈圈地爬行。令法伯感到惊讶的是，这群毛毛虫当天在花盆边缘一直走到精疲力竭才停下来，其间曾稍作休息，但是没吃没喝，连续地走了 10 多个小时。时间慢慢过去了，一天，两天……守纪律的毛毛虫队列丝毫不乱，依然这样没头没脑地兜着圈子。连续几昼夜之后，它们饥饿难当，精疲力竭，一大堆食物就在离它们不到 6 英寸远的地方，结果却一个个地饿死了。

毛毛虫的悲剧就在于它们的这种盲目的追随，它们没有自己的目标，不懂得另辟蹊径的道理而随波逐流，从而导致自己悲惨的命运。只要有一点创新意识、尝试一下不同的路线，都不至于被狼狈地饿死。

骨干教师离不开创新教育理念这堂必修课。创新的对象通常体现在理念、手段、方法上。通过对中小学教育的思考与研究，形成一套独特的教育思想与教育理论。没有研究，就不会对教育有真正的感悟；没有思考，就不会点燃教育创新的火花；没有潜心于教育创新的实践，就不会成为骨干教师。

这种独特的教育思想和教育理论可以具体到让每个教师都要努力成为学生们学习生活中的支持者、合作者、引导者。

一、做学生的支持者

教师做学生的支持者并不难，只要站在他们的立场上思考，能深入到他们肺腑程度就好。凡是在基本立场统一的情况下都应该从学生的兴趣和需要出发，相信他们身上蕴藏着巨大的潜能，并关注他们的发展需要。

最容易导致教师停滞不前的阻碍就是总是自困在自己眼中的世界里。想要根据得上形式而转变观念就应透过学生们眼里的万花筒来看看这个世界，看的同时还要努力地理解和支持他们"出格"的想法和做法。支持和鼓励孩子们的求知欲望、勇于探索、勇于实践的精神，让每一个学生的潜能都能获得满足和成功。

二、做学生的合作者

传统的教师是学生们活动的控制者，学生的大部分学习生活都在教师预先的设计安排和严密的控制之下进行的。看似有条不紊，但师生间也缺乏了有效的交流。所以，想填满师生间的裂痕最好的方法就是教师能够以伙伴、合作者的身份参与到学生们的活动之中，成为他们中的真正一员，建立一种亦师亦友的关系。

三、做学生的引导者

面对科学技术日新月异的加速交替，教师单单只传授知识是远远不够的，引导学生"要学"、"会学"，显然比"要我学"、"学好"更为重要。因此，教师不应该以"百科全书"的权威姿态出现，更要不断激励学生的大胆尝试，放手让学生们独立活动，世界是新奇的、神秘的，其认知、探索的欲望与范围也是无穷无尽的。如果把学生的探求比作洪水的话，教师就要像大禹一样"开渠引流"，而不能像鲧一样"抛填堵截"。

创新教育理念的根基在于有一大批创新型的骨干教师的涌现。在社会急剧变革的今天，我们应该顺应潮流，做一个教育改革的实践者，从否定自己开始，不断地追求卓越，不断地攀登高峰。在基础教育课程改革的实践中，潜心研究，勇于探索。如果我们还死守以往经验不思进取的话，那么将来肯定是会落伍的。

所以，作为一个骨干教师，重要的一点就是要树立起与时俱进的先进的创新教育理念。只有具备了先进的教育理念，才能指导教师做出不平凡的成绩。

第七章 与时俱进，勇于超越

与时俱进，做智慧型骨干教师

当代世界正进入一个以智慧型人才为主流的社会，强烈呼唤智慧型的人才，而智慧型人才的培养关键在于智慧型的骨干教师养成，成为智慧型教师也就成了时代对广大中小学教师的迫切要求。

新课程改革过后，我们教育界迎来了一个更为开放、自由、灵活的教育系统。刮起了阵阵"绿色教育"风潮。所谓"绿色教育"是指：尊重学生个性发展、将学习的主动权还给学生、让教师的讲授更加充满活力，从而让学生享受学习科学文化知识的真正乐趣。

在这个转变更新的过程中，教师同样应该抓住改革大潮的节奏，给我们的教学注入更多弹性灵活的元素，哪怕是之前从未涉及过的教学体验，只要有可能有利于我们的教学活动就应该走出保守与顾虑去大胆地、理智地尝试，让自己成为与时俱进的智慧型骨干教师。

教学的智慧可以体现在很多方面：

1. "无为"教学

老子指出"圣人处无为之事，行不言之教"，中国传统文化博大精深，并没有因为时代的变迁、环境的改变而减弱它丝毫的智慧性。为我们生活工作的各个方面都提供了精辟的指导，为教学也同样开启了智慧之大门。"无为"教学为何？就是要求教师依教学之理、顺学生之性，消解教师不当的"有为"给教学带来的干扰和阻滞，在教师貌似"无为"中实现师生真正的积极"有为"。

　　"无为"教学要求教师在教学中不能"越俎代庖",更不能"包办代替",而是要通过引导使学生进行自化,从而达到师"无为"而生"自化"的目的。

　　魏老师语出惊人地说:"我已经有 16 年多的时间没批改过一篇学生作文了。"作文的批改都是交由学生们自己互相批改。在这样一个"懒老师"的调教下却教出了一批作文水平极高的学生。正是魏老师这种"投机取巧"的"懒惰"培养了学生的作文能力。用别人的缺陷来点醒自己的不足。从易到难的十条批改要求,循序渐进便于操作,学生的积极性比老师还高。就这样,魏老师的懒,却懒出了过人的胆识、高超的教学智慧。

　　2. "灵活式"教育法

　　有一个发生在美国小学里的一个小故事:

　　　　数学老师正在带学生们研究奇数和奇数之间有什么规律。经过老师的教导,许多孩子都得出了"正确"的结论:两个奇数之和为偶数。

　　　　这时,一直沉默着的杰克站了起来:"我认为奇数和奇数之和还是奇数。"老师和同学都感到诧异,老师问为什么。杰克回答:"1 个爸爸和 1 个妈妈结婚后生下了我,我们家 3 个人,不仍旧是奇数吗?"老师愣住了,同学们也哄堂大笑起来,笑着笑着就不约而同地跟随着老师鼓起掌来。

　　　　这位老师把这件事报告给了校长。校长听了很高兴,升旗仪式上在全体师生面前对杰克的这种善于思考问题、不怕提出问题的精神给予了表扬。

　　试想一下,这个"奇数和奇数的规律"的故事,如若是发生在严肃刻板、循规蹈矩的旧时教师身上,又会发生什么事呢?杰克会被严重警告还是直接被轰出课堂?

　　什么是智慧型教师,智慧型教师就是一定要有看表象、更有看本质的职业自觉性。通过一件小事,哪怕是看起来、听起来都有些"荒唐"的小

第七章　与时俱进,勇于超越

事，而看到、发现、挖掘出被现象所映射出的更深层含义。学生就是一个个的小问号，兜里总是装着无数个为什么，我们不能为了那课堂上的一点点骚乱就关闭了孩子们的求知欲望的大门。

3. "诱导"教学

在对学生的思想活动进行教学中，正确的说理、正面的例子常常会引起学生的逆反心理。尤其是处于青春期的孩子更是充满了叛逆性。往往会按照家长、老师教导的话反方向而行之。这种"反常"、"求异"、"好胜"的心理很大程度上就成为了学生们健康发展的绊脚石。如果教师们不及时加以劝导的话，孩子们今后的漫漫一生都会付出一定的代价。所以，老师们在面对学生们的错误的时候，应该尽量避免"义正严辞"的说教，而要趋利避害地加以"诱导"。

了解学生的情绪变化和掌握事情发展的来龙去脉是真正能够起到教育功能的基本要素。放大孩子们的闪光点是能够成功引导学生思想和激发学生积极向上的有力武器。挖掘出蕴藏宝贵机会的教育时机，才能开发出学生道德品质生成的源头活水。

前苏联著名的教育学家苏霍姆林斯基说过："教育的技巧并不在于能预见到课堂的所有细节，而是在于根据出现问题时的具体情况，巧妙地在学生不知不觉中作出相应的变动。"所以，教师在面对学生的逆反心理时不妨将错就错，大胆运用学生的逆向思维，有意识地选取一个错误观点让学生讨论，激发学生的正确价值观，让学生的思维在"逆反""诱导"之中闪亮点。

4. "互动"教育

教师的放手不是一味的放纵，只是"自主——合作——探索"之中一个环节。其中的技巧在于我们骨干教师能够找到平衡点，让教与学之间散发出真正的持久的活力。

教师与学生的互动是不能忽略的，不要一味的教授，而有时候，学生们丰富的想象力也会以难以设想地为老师们带来意想之外的变动。所以，互动能让教师尽可能地了解学生的心理活动，更会让按部就班的教师一个人唱独角戏的台上充满活力，重新拾回已经流失很多的人文气息。骨干教师要做的是为学生创设能够充分自由生长的情景，而不是用自己预设的目标去僵硬地束缚他们。

除了在整体上把握方向之外，做一名骨干教师尤其要对教材予以特殊关注，毕竟教材才是教学中的主要工具。所以，智慧型教师首先要智慧在教材上。

骨干教师在对教材的处理上要吃透教材、挖掘教材、补充教材，更要更新教材。

1. "吃透"教材

新课程有一个流行的课程口号："不是教教材，而是用教材教"。这个口号是有意义的，但也容易误解，如有些教师以为新课程不重视教材，可以随意调整、更换教材。

坏的教师各有各的坏，但好的教师总是有相同的好——绝不"照本宣科"。如果教师不打算让自己成为"照本宣科"的坏教师，就不得不做一件事情：调整、补充或重新开发教材。

调整教材是教师的权利，不过，正式发行的教材往往聚集了大量的专业智慧和实践经验，有些教材可能隐藏了一些错误或缺憾。教师可以补充或开发新的教材，但补充和开发新教材的前提是尽可能"吃透"并"利用"现有的教材。

"吃透"意味着教师对教材"了如指掌"，而不是"伸手不见五指"。教材一旦被教师"吃透"，则这份教材在教师的心中已经"明朗透亮"，而不是"一团漆黑"。有些教师"吃透"之后甚至可以"背诵"教材，虽然没有必要去背诵教材，但教师应该对教材有基本的了解和熟悉。

2. "利用"教材

"吃透"教材之后，教师可以"利用"教材。"利用"教材首先可以表现为"调整"教材，即保持教材的总量不变，只是变换教材中各个教学单元的顺序。只要不至于引起学校管理上的混乱，教师是可以调整教材的。"利用"教材也可以表现为"整合"教材。"整合"不只是调整教材的顺序，而且是将教材中的各个知识点综合起来，使各个知识点之间相互照应，融合为新的主题。

第七章 与时俱进，勇于超越

"利用"教材还可以表现为"解读"或"解构"教材，即教师引导学生尽量解释和发掘教材背后的意义，或者以怀疑、批判的方式使原有的教材显露另外的意义。

3. "补充"教材

若教师发现有的教材比较单薄，或者发现在现有的"课本"之外，还有相关的有意义的材料，教师就可以将相关的教材引入课堂，使现有的"课本"与课外的材料相互补充。

补充教材实际上是以"加法"的态度对待教材。它并不改变教材的原有内容，只是在原有教材的基础上增加相关的教材。这种只"增加"不"减损"的处理教材的态度显得比较保守，也因此而比较平稳、安全。虽然"不是教教材，而是用教材教"、"不是考教材，而是考课程标准"等观念在中国教育界已经提倡多年，但"教教材"、"考教材"的传统很难说就已经完全消失。这样看来，"补充教材"的方式既能够保证教师不至于"照本宣科"，又能够让教师减少考试的焦虑。

教师、学生和教材三者构成了教学的关键要素。如果教师在上课之前，已经积累了丰富的课程资源，并围绕某个教学主题给学生提供相关的材料，那么，这样的教学在"上课"之前，就已经"成功了一半"。

4. "更新"教材

教师在发现现有的教材绝大部分内容都比较过时、落后或者不适合学生学习时，那么，教师就可以考虑用另外的教材替换现有的教材。在传统的教材制度背景中，更新、更换教材是不可想象的事情，但是，当市场上出现多种版本的教材之后，这种更新、更换教材已经不再是新鲜事了。

"更新教材"也可以视为"补充教材"的形式。它意味着教师用新的教材替换所有或绝大部分教材的内容，而"补充教材"虽然也更新了教材，但以维护原有的教材为前提。

"更新教材"是先做"减法"，再做"加法"。没有必要期待所有的教师都有更新、更换教材的能力。教材的开发与编写需要专业的素养和额外的时间。一般教师缺乏专业的训练，也缺乏额外的时间。但是，总有一些骨干教师，他们凭借自己宽广的阅读面和丰富的经历，大量提供补充材料。只要这些材料是对学生的成长和发展有意义的，那么，这些材料就可以进入课堂，成为学生学习的基本材料。教材改变意味着首先保证"做正确的事情"。显然，"做正确的事情"比"正确地做事情"更重要。

智慧型教师最为教育工作的最高境界，已成为所有教师的普遍追求。而最高境界所缔造出来的成绩往往不是简单的分数的高低、知识的多少了，在骨干教师的概念中，更在乎使学生受教育的过程成为充满活力和自我实现的发展过程，在学生发展的过程中使每个学生达成最大限度的自我实现。所以，有人说："如果一种教育未能触及到人的灵魂，未能引起人的灵魂深处的变革，它就不成其为教育。"

第七章　与时俱进，勇于超越

骨干教师专业成长之路

　　本书主要从"内因"层面谈骨干教师的成长。不错，内因是一个人成长最关键的因素，但骨干教师的成长离不开外因的支持。目前，许多骨干教师尚处于对自己教育教学经验的一种简单总结，对于能采用一定方法进行教育教学研究和承担研究课题，撰写教育教学研究论文的骨干教师比例毕竟很少。很多学校教科室，当地教育研究部门以及高校的专家、教授的引领作用在普通中小学没得到真正的发挥。学校应尽力为骨干教师寻求外部指导与支持。让专家用自己的专业知识和经验为教师做研究提供有效的帮助，在专业方面提供专业化的知识和智力服务，促使骨干教师进行深入思考，引领他们成为一个有独特个性和有智慧的骨干教师。

　　从初入校门到成为一名骨干教师，他的成长道路是怎样的，要经过哪几个阶段，每个阶段都起着什么样的作用，学校应为他提供什么样的成长环境？下面是两位专业研究工作者关于骨干教师的专业成长之路的研究，或许能给读者一些启发。

　　本文选取 4 名中小学骨干教师，通过访谈等手段获取资料，采用质的研究方法，从四个时期切入，力图探明骨干教师专业成长的历程，从实例问题深入考察教育研究在各个阶段所处的地位以及发挥的具体作用。

　　人物介绍

　　▲何伟，在安徽滁州一所实验高中任教物理。2002 年获得物理学科的

教育硕士学位。自 1996 年起陆续发表教科研论文，尤其是深造期间，共发表 19 篇，其中多篇为核心期刊，可算学术成果累累，科研能力不凡。

▲李文，在南京城郊结合部一所普通初中任教语文。从 1999 年起有 10 多篇论文和 2 项课题获国家、省等级别奖项。

▲杜忠，在苏北泗洪农村一所联办初中工作，工作条件相对比较落后。因多种原因曾先后执教语文、化学、政治，以学生出色的中考成绩证明了自己的教学实力。从科研成绩看他只算起步，至今只在地方上发表了 1 篇文章。

▲杨阳，在苏南一所地处小城镇的省级实验小学工作，任教语文和科学教育。她已经公开发表论文 10 余篇，有数篇为核心期刊，曾在地区教师论文专集中占据数量之首，让领导、同事们刮目相看。

师范生时期——"破土"之前的困惑

探点：

＊师范院校究竟能为教师的专业成长做些什么？

＊教育研究能否在师范生时期就打下坚实的基础？

问题：

1. 怎样评价师范里的教育类课程？

2. 是否经历过教育研究的训练，科研能力如何？

通过对以上问题的交流发现，4 位老师都有着良好的个人资质，即使其中的 3 位老师初始学历仅为中师，但在当时的同龄人中，他们当之无愧是佼佼者，农村人的背景在给他们一丝压抑的同时也赋予了他们更多的勤奋与踏实。而今这种中小学师资的天然优势似乎在悄悄流失，经过一些海外院校、国内高等院校、高职院校的层层筛选，师范院校能得到的往往是二流甚至三流的生源，这不由得让我们为今后的教师质量而担忧。

访谈还显示：他们在师范时期虽然学过一些教育理论课程，但几乎都觉得用处不大，教育科研的意识与基础明显薄弱。我们不禁要问：师范院校究竟能为教师的专业成长做些什么？教育研究能否在师范生时期就打下坚实的基础？现实无疑是令人失望的：一方面一些师范院校片面追求综合

第七章 与时俱进，勇于超越

性办学，一味追求办学效益，对师范性和学术性的重视程度严重不平衡，大量削减教育类课程的和社会、自然科学课程的比重；另一方面师范的教育类课程一味追求理论上的大而全，严重脱离中小学教育教学实际，缺少教育科研工作的必要准备。师范区别于其他专业的标志就在于教育类课程，而教育研究的基础在师范，因此师范院校在面临布局、层次大调整时，不仅不能削弱教育类课程的地位，还应该切实提高课程的质量，在师范生阶段就普及教育科研的基础知识，激发学生的科研兴趣，为将来投身一线的教师研究打下坚实的基础。

新手时期——小荷"可"露尖尖角

探点：

* 新教师到底由谁来培养？他们需要什么样的成长环境？

* 教育研究能否实现与新教师的成长同行？

问题：

1. 工作中遇到了哪些主要困难？

2. 当时得到过哪些重要帮助？感到自己进步大吗？

3. 有没有开展教育研究活动？

所谓新手时期，主要指新教师工作一年以内，或感觉尚不能完全胜任基本工作的时期。这一阶段我们主要探询了以上 3 个问题。

4 位骨干教师的新教师生涯总的来说比较顺利，有的机会还比较多。而今新教师可能就没有这么舒心，社会对教育的过度关注已经扭曲了广大家长的心态，对新教师的不宽容、不接纳成了新形势下的新问题。新教师到底由谁来培养？他们需要什么样的成长环境？实践表明，由学校对新教师进行有目的有组织的培养是目前最适宜的方式之一，这种培养就如同温室的大棚，可以加速新教师的成长，减少职业适应期的工作失误。当然，教师的专业成长也是个自然发生的过程，加速培养也可能会磨灭新教师的个性，使他们成为流水线上的半成品。因此要处理好环境建设与新教师自我建构教育品格的关系，变"要我学"为"我要学"。这当中适当的关注与合理的课务负担很重要，避免一开始就给新教师压上太多的负担。

许多学校在培养新教师的方式上不约而同地选择了"师傅制"，新教师们在师傅手把手的帮助中确实实现了快速的成长，许多名师则悉心培养了属于自己名下的若干"徒弟"。那"师傅"到底有多大作用？我们认为这种模式依然是手工业经济方式在教师教育上的延伸，其实质是把教师职业视为一门手艺，需要师徒之间个别化地口耳相传，言传身教。确实，教师的工作是存在许多技艺性的成分，经验至今仍是许多老教师、名教师成功的真正法宝。但是，教育毕竟是一门科学，需要更多思想的笼罩、理性的反思，师傅在传给经验的同时，也可能窒息了思考的空间。另外"师徒制"在教育大众化的今天显然已不能满足社会对合格教师的需求，如何摸索出更为科学、高效的教师培养机制是摆在我们面前的紧迫课题。

　　研究还表明，新教师往往对教育研究十分茫然，尤其是科研气氛较弱的农村地区。他们忙于适应新环境，似乎也没有更多精力去参与科研工作。教育研究能否实现与新教师的成长同行？这里可能存在一个常识性的错误，即科研是教师日常工作之外的事务，只有写论文、搞课题等正规活动才能算科研。其实不然，我们主张科研即生活，新教师的每一天都可以在研究中度过，他们遇到的困惑就是非常有价值的课题，把这些感受记下来、写出来乃至发表可能是几年以后才能做到的，但"成长"已经发生，教育科研应该与新教师的成长实现同步。

　　"蜜月"时期——初尝绽放的喜悦

　　探点：

　　＊骨干教师的"第一桶金"是什么？教育研究究竟起了多大作用？

　　＊骨干教师在这时期中科研会遇到怎样的困难？应该提供怎样的帮助？

　　问题：

　　1. 你觉得自己何时开始获得有关方面的承认与肯定？

　　2. 何时开展教育研究工作的，水平如何？

　　"蜜月期"是借用莱赛（C. Lacey）等人的概念，指教师在工作中初步获得社会承认、得心应手以及有一定成功感的阶段。这一阶段，我们的访谈主要围绕以上 2 个问题进行：

　　一般来说，教师的事业成功会首先表现在一个领域，然后以点带面，获得全域性的发展。那么骨干教师的"第一桶金"是什么？教育研究究竟起了多大作用？4位教师告诉我们，他们多是从第一次开公开课获得承认的，而中学里中考、高考成绩则是检验教师是否成功的关键标准。几位中学教师都明确地作了如下排序：先是能出成绩，再是能开课，最后才是会写文章、搞科研。看来，教育研究在中小学基本上是后发性的，很少被作为"第一桶金"，是教师成名后的"锦上添花"，而不是走向骨干的必要条件，这不能不让我们感到遗憾！因为如果仅仅作为一个优秀的"执行者"而非有思想的行动者，中小学教师是无法走向更高层次的成功的。

骨干教师在这一时期中科研会遇到怎样的困难？应该提供怎样的帮助？首先是时间、精力的限制。目前中考、高考成绩仍然是检验骨干教师最重要的标准，他们的绝大部分时间必须泡在备课、上课、改作业等活动上，堪称"苦力"；其次，知识和观念的局限也是一大困难，骨干教师离开师范多年，如果平时只注重教学实践层面的磨练，而疏于学习现代教育理论，不了解学科教研的新动向，那么其教育研究很难有自己独到的见解；再次，有效指导的缺乏，客观上也阻碍了骨干教师的科研之路，他们往往不知道有哪些研究方法，只会生硬地套专业科研的程序，上级主管部门则往往只管课题的推荐、审批和验收，对课题的实施缺乏过程性的指导，难怪教师们的教育科研会举步维艰。要解决这些问题，教育部门的领导就要在政策上对教师的教育科研实行必要的倾斜，提供畅通的信息交流渠道；而骨干教师也必须随时把握学科进展的脉搏，关注身边的教育现象，选准教育研究的切入口，进而通过自身的不懈努力，在学习和科研实践中取得有价值的成果。

"高原"时期——缄默中等待爆发

探点：

＊骨干教师走出"高原"的有效机制？

＊骨干教师的继续教育与教育研究的关系？

＊如何提高他们的教育研究水平？

问题：

1.是否体验过无法超越自我的"高原期"？有过哪些困惑与烦恼？

2. 怎样评价自己当前的发展状况？对未来有什么样的设计与期待？

"高原期"原本是技能学习心理学的术语，现在许多人才研究领域也沿用它来表示人才成长过程中一段相对平寂、止步不前的时期。这一阶段探询主要从上述 2 个问题入手。

4 位骨干教师多多少少都体会过成长过程中的平寂和困惑，并不约而同地把突破口放在教育研究上，或多或少地取得了一定的科研成果。他们的教育研究都和不断地接受继续教育有关联，在深造中获得更多的科研资源，参与研究也使他们的继续教育较少有单纯的学历取向。这是否就是当前骨干教师走出"高原"的有效机制？骨干教师的继续教育与教育研究应是怎样的关系？当前继续教育唯学历倾向已经有所降温，代之而起的是日益丰富且更有针对性的科研取向培训，如课程中心模式、课题中心模式等，都突出了骨干教师的在岗研究、"基于项目"的学习，这无疑是教师继续教育和教育研究的进步，应该大力倡导。

相对于前三个时期，这一阶段骨干教师教育研究的分量明显加重，他们都明确表示教育研究十分重要，尤其是近年来高校学者纷纷和中小学联手进行各项教育改革，中小学各种课题的运作与学院派的成果相比，差距日益模糊，自己的进一步发展必须倚重于科研上的进步。但我们不能简单地说教育研究对骨干教师的持续发展有很大作用，而是应该追问一句：什么样的教育研究能发挥这个作用？反之，我们要摈弃什么样的研究风气，才能保护骨干教师的科研热情，让他们的发展真正实现可持续、不间断？

另一个问题是，如何切实提高他们的教育研究水平？根据骨干教师们教育理论素养和精力等的实际状况，当前比较切合实际的做法是通过多种运作形式，如面向本校教师的课程研修班、骨干教师沙龙等加强校本培训，让教师能在岗位上接受到先进的教育理念和策略。理论工作者要与一线教师通过面对面的、真诚的、长线的联系，消除话语差异，建立互相理解、互相尊重、互相支持的合作关系。应该为科研取得一定成绩且迫切渴求深造的骨干教师敞开高层次继续教育的大门，使得他们能及时得到高层次的指导，尽快跨越发展过程中的停滞与困惑。中国可能并不缺少教学意义上的骨干教师，但缺少有独到思想、有突破成果的专家型教师，教师专

第七章 与时俱进，勇于超越

业成长之路中这最艰巨的一步能否跨上去，中小学、高校、骨干教师的共同努力、精诚合作至关重要。

学校应给骨干教师一个专业成长的动力。"井无压力不出油，人无压力轻飘飘。"人都是有惰性的，骨干教师亦是如此。学校可根据骨干教师的发展规划，提出一定要求：骨干教师主持、参与一个实验课题——每学年在教育教学类刊物上发表一定数量的文章——每学期开设一次专题讲座或执教一节观摩课——结对帮扶一名青年教师等，给骨干教师专业成长施加一个外部动力，引领骨干教师在课题研究、经验总结、观课议课、结对帮扶等教研活动中不断发展，从而推动骨干教师专业成长，也促进教师群体素质的提高。

目前，有部分普通中小学，由于学校经费紧缺，教师外出培训排轮次，所以，骨干教师参加培训的次数是很有限的，特别是参加比较正规的、有意义的、有档次的培训机会很少，这很不利于骨干教师的成长与发展。另外，在校本教研中骨干教师没能得到充分的培养和锻炼，所以，学校应该给骨干教师提供在职培训的机会，以此推动、促进和引领骨干教师的成长，让他们在培训中不停地充实、在实践中更新着教育教学的观念，改变着教育教学行为，不断地调整知识结构，实现自身素质由量到质的变化。

总之，学校要认真制订骨干教师专业发展规划，优化骨干教师培训措施，帮助骨干教师确立专业发展目标，给予骨干教师专业发展机会，充分激发骨干教师自我发展的"内需"。骨干教师的专业成长，需要教师心理上的成熟，教学艺术的精湛，教学理论的升华。成长与发展过程既受个人、家庭、学校和社会的制约，又受自身德、知、才、学、体等诸要素及其关系的影响。要成长为骨干教师，需要有较强的综合素质，要有正确看待问题和分析问题的意识和能力。在日常教育教学生活中，备课、上课、批改作业、辅导、谈心、召开班会、组织活动等，哪怕多么细小的工作，都应该渗透着教师智慧和理性的思考。这些都希望教师要有自己不断发展的目标和积极向上的进取精神，不懈努力，勇于探索，不断地超越自我、超越教材，成长为一个有底气、有灵气、真正的骨干教师。

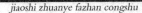

附录

"国培计划"——中小学教师
示范性培训项目实施方案（2010—2012）

一、目标任务

中央本级财政划拨专项经费每年 5000 万元，支持教育部组织实施"国培计划"——中小学教师示范性培训项目（以下简称"示范性项目"），充分发挥其示范引领、"雪中送炭"和促进改革的作用，推动"中西部项目"的实施和各地教师培训的开展，促进教师培训工作在新的起点上取得新的突破。

2010—2012 年，"示范性项目"采用集中培训的方式培训 3 万名中小学学科骨干教师和骨干班主任教师；采用远程培训的方式培训 90 万人，包括 60 万名义务教育学校学科教师和 30 万名高中新课程学科教师；政府购买和组织开发一批优质培训资源，为"中西部项目"和教师终身学习提供服务支撑。

二、主要项目

（一）中小学骨干教师培训

遴选高水平大学、专业教师培训机构和优质中小学，面向全国中小学骨干教师和中小学骨干班主任教师进行分类、分层集中培训，全面提升骨干教师的教育教学能力和水平，使他们在推进基础教育课程改革、实施素质教育和教师培训等方面发挥骨干带头和辐射作用。

1. 骨干教师集中培训

对全国 18000 名中小学优秀骨干教师进行为期 15 天的研修培训，采取集中研修、课题研究和跟踪指导相结合的方式，提高教师教育教学能力和专业化水平，为各地培训一批"种子"教师，使他们在实施素质教育、推进基础教育改革和教师培训中发挥骨干带头作用。

2. 骨干班主任教师培训

对 3000 名中小学骨干班主任教师进行为期 10 天的专项集中培训。培训针对中小学班主任在日常工作中面临的主要问题，以案例为主，引导学员关注班主任工作的细节，掌握班主任工作的特殊规律，提高班主任工作实效，为大规模开展班主任教师培训输送骨干力量。

3. 农村紧缺薄弱学科骨干教师培训

对全国 6000 名农村中小学紧缺薄弱学科骨干教师进行为期 15 天的专项集中培训，提高教师教学能力和专业水平，改善紧缺学科师资力量薄弱状况，推动全国紧缺薄弱学科教师培训的开展。

4. 教师培训者研修

对 3000 名骨干培训者进行为期 10 天的研修培训。以"有效教师培训"为主题，学习研讨先进培训理论，分析典型培训案例，探索培训规律，总结培训经验，形成优质资源，提高教师培训教学和组织管理能力，提升其教师培训专业化水平。

（二）中小学教师远程培训

充分发挥现代远程教育手段的作用，遴选专业远程教育机构，采用以远程培训为主的方式，对 90 万名农村义务教育学校骨干教师和高中课改学科骨干教师进行有针对性的培训，并通过多种有效手段和途径，使更大范围的教师共享优质资源，帮助教师解决教育教学过程中所面临的现实问题，提高实施新课程的能力和水平。

1. 农村义务教育学校教师远程培训

主要采取电视课程收看、IP 卫星资源播放、网络在线学习和县域内集中研讨相结合的方式，对 60 万名农村义务教育阶段学校教师进行 40 学时的针对性培训，帮助农村教师解决在实施素质教育和基础教育课程改革过程中面临的主要问题，提高实施新课程的能力和水平。

2. 高中课程改革教师远程培训

主要采用计算机网络远程手段，对 30 万名高中教师进行 50 学时专题培训，购买和开发一批新课程教师培训优质资源，供各地免费共享，提高教师实施新课程的能力和水平。

三、组织管理

（一）加强组织领导。教育部会同财政部负责计划的总体设计，统筹管理、协调指导、立项评审、评估检查和绩效考核。"国培计划"项目办公室负责项目的日常管理和支持服务工作。"国培计划"专家委员会负责研究制订"国培计划"相关标准，进行项目咨询、评估和检查工作，为教师培训项目的顺利开展提供专业支持。各省级教育行政部门根据"国培计划"的总体要求，负责统筹协调本地区培训项目的学员遴选、组织管理、评估考核和信息反馈等工作。

（二）整合优质培训资源。遴选高水平专家和一线优秀教师组建培训专家团队，承担培训项目教学工作。"示范性项目"实行首席项目专家制度，首席专家主持培训课程设计、资源开发和培训教学。建立"国培计划"培训专家库，形成动态调整机制，优化专家队伍结构，提高专家队伍水平。组织开发和购买优质培训资源，加强国家级精品课程资源建设，促进国家资源与地方资源相结合。

（三）实行项目招投标机制。"示范性项目"实行招标或邀标机制，按照"公开、公平、公正"的原则，严格项目申报和审批程序，遴选符合条件的高等学校、具有资质的公办和民办教师培训机构以及中小学承担培训任务，确保项目培训质量。

（四）建立项目评估监管机制。建立专家评估、网络评估和第三方独立评估等多种方式相结合的评估机制，对项目实施进行全程监控和质量评估，并将项目执行情况和评估结果作为调整培训任务和项目经费的重要依据。对"国培计划"项目执行有力、效果良好的地区和单位进行表扬；对执行不力、效果欠佳的，调整培训计划或取消项目承担资格。

（五）加强项目资金管理。"示范性项目"由中央财政专项拨款支持，列入教育部部门预算。各地教育行政部门、项目承担院校或培训机构，要严格执行国家有关规定和标准，严格项目资金预决算制度，做到专款专用，确保项目经费使用效益。

教师专业发展丛书
jiaoshi zhuanye fazhan congshu

××省中小学骨干教师管理办法（试行）

第一章　总　则

第一条　为了规范全省中小学骨干教师管理，进一步加强骨干教师队伍建设，提高教师队伍整体水平，根据相关规定，制定本办法。

第二条　中小学骨干教师是具有相关类别的教师资格，有良好的思想政治素质和职业道德，专业知识扎实，教育教学水平高，教学成果显著，学科教学经验丰富，科研能力强，并在教育教学岗位上起到指导、示范、带头作用的优秀中小学教师。

第三条　中小学骨干教师共分省、市、县、校四个级别，实行分级管理、共同培养。

第二章　选拔和认定

第四条　骨干教师的选拔：

（一）骨干教师的选拔坚持公开推荐、公平竞争、公正选拔的原则，采取个人申报和学校推荐相结合的形式，按照广泛发动、自愿报名、严格评审、择优选拔、逐级推荐的程序进行；

（二）骨干教师选拔的范围是全省基础教育系统的在职一线教师，其中学校领导参加骨干教师选拔的，每周兼课须达到本学科专任教师课时量的50%；

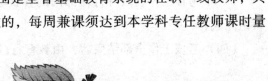

（三）省、市（州）、县（市、区）三级骨干教师选拔的数量占全省中小学专任教师总数的最高比例分别为2%、5%、10%。校级骨干教师的比例由主管教育行政部门确定。

第五条　骨干教师的条件：

省级骨干教师应当具备下列基本条件：

（一）具有相应的教师资格，热爱教育事业，师德高尚，工作表现优秀；

（二）原则上女45周岁、男50周岁以下，教龄8年以上；

（三）小学教师具有专科以上学历，小学高级教师以上职称；中学教师具有本科以上学历，中学一级教师以上职称；

（四）熟练应用现代教育技术，能够将信息技术整合到学科教学中，信息技术能力达到中级水平以上（农村教师可适当放宽条件）；

（五）积极参加学科教育教学改革活动，教育教学效果好，做过县（市、区）级以上公开课；

（六）参与县（市、区）级以上科研课题研究或实践，并取得一定成果；在市级以上刊物发表教学论文或获得市级以上奖励；

（七）在教育教学工作中能够充分发挥示范、辐射和带头作用。城镇教师在农村中小学任教、支教一年以上的优先考虑。

其他各级骨干教师的条件由相应教育行政部门和学校制定，作为选拔、评审和认定骨干教师的依据。

第六条　骨干教师的认定：

（一）各级骨干教师由相应教育行政部门和学校认定，按照逐级递进和先培训、后认定的原则，从已获得相应级别骨干教师预备培训结业证书的人员中考核产生；

（二）考核内容包括资格审查、骨干作用、工作业绩、教学水平、理论素质等；

（三）考核工作在教育行政部门的直接领导下，由有关专家参加的考核组完成；

（四）考核工作全部结束后，由教育行政部门下发文件公布认定名单，

如何成为骨干教师

颁发骨干教师证书，并将名册报上级教育行政部门备案；

（五）骨干教师的认定工作应当在骨干教师完成预备培训并获得结业证书后一年内完成。未通过考核认定的人员允许重新申报，参加下一轮骨干教师选拔。

第三章 培 训

第七条　骨干教师的培训分为预备培训和提高培训两种形式。预备培训是指对被推荐为骨干教师的人员进行的培训；提高培训是指对被认定为骨干教师的人员进行的培训。

第八条　骨干教师培训工作由相应的教育行政部门组织、协调和管理，由其指定的培训基地具体实施。

第九条　培训基地要制定科学的培训方案，确定培训目标、内容、方式和课程计划。培训方案经教育行政部门审核批准后方可实施。

第十条　培训工作要加强管理，制定完善的考核办法，保证培训质量，逐步实现骨干教师培训的信息化管理。培训考核合格后，由教育行政部门授权培训部门颁发结业证书。

第四章 职 责

第十一条　省级骨干教师应当履行下列职责：

（一）在师德建设方面发挥表率、示范作用，热爱学生，教书育人，树立社会主义荣辱观，立志终身从教，坚持工作在教育教学第一线，积极投身基础教育教学改革，全面实施素质教育，成为教育教学改革的促进者；

（二）系统学习并掌握现代教育理论和技能，熟悉本学科教学国内外发展动态，自觉学习进修，拓宽专业知识面，不断更新教育观念，保持较高的教学水平，不断提高教学质量，成为本学科教学发展的带头人；

（三）根据教育改革与发展的目标和要求，结合本地、本校实际，确定明确的教改和科研课题，研究解决教育教学中的问题。主持、承担、参与教育科研课题的实施和实验。每年至少在市级以上刊物或学术会议上发

表 1 篇高水平的专业论文、经验总结或科研报告；

（四）指导、培养所在学校的其他教师，在教育教学工作中发挥示范作用。校内评课每学期不少于 20 课时，示范课不少于 4 课时。积极承担培养青年教师的任务，主动与青年教师结对子，提高思想政治素质和业务水平；

（五）在教育教学研讨或对外交流等活动中承担教育教学示范、观摩和讲座等任务。承担教育行政部门组织的教师继续教育指导工作，积极参与教师培训、送教下乡以及支援农村或薄弱地区教育等各类活动。

其他各级骨干教师的职责由相应教育行政部门及学校予以明确。

第五章　待　遇

第十二条　省级骨干教师是评选省级学科带头人的必要条件，省级学科带头人可在同等条件下优先推荐评选特级教师。各级骨干教师可在同等条件下优先推荐晋升教师职务，符合低职高聘条件的，由所在学校予以高聘；在提拔使用、评优选先中优先考虑。

第十三条　教育行政部门和学校要为骨干教师提供经费、资料和仪器设备等工作条件，优先解决生活上的困难，以利其开展工作。

第十四条　骨干教师优先参加国内外高层次研修、学习考察、学术研讨等活动。

第十五条　各级骨干教师承担研究课题、教改实验和教学指导任务，可适当计算工作量。骨干教师在教研科研和指导本地、本校教学工作取得显著成果或做出突出贡献的，可酌情给予一定的奖励或补贴，标准由所在地区或学校确定。

第十六条　各地区、学校应大力宣传推广骨干教师的教育教学经验、科研成果和先进事迹。教育行政部门和学校要鼓励并支持骨干教师著书立说，多出成果。

第六章　管理和使用

第十七条　骨干教师实行分级管理。省、市（州）、县（市、区）教

育行政部门和学校管理本级骨干教师。

第十八条　骨干教师实行动态管理和考核制度。骨干教师每 5 年为一个任期，期满后可参加下届骨干教师考核认定，未参加或未通过认定资格自动取消。学校要加强骨干教师日常考核，按学期建好管理档案；教育行政部门在学校考核的基础上，以示范作用的发挥为重要指标，对骨干教师进行年度考核。

第十九条　教育行政部门要建立骨干教师信息库，及时记录骨干教师考核档案和综合情况。

第二十条　教育行政部门要与骨干教师保持经常联系，听取他们对教育教学改革、管理等方面的建议和意见，并及时研究处理。

第二十一条　教育行政部门和学校要统筹安排，为骨干教师发挥作用创造有利条件；教科研和师资培训部门要充分利用骨干教师的各种优势资源开展工作。上一级教育行政部门要及时向下一级教育行政部门通报本级骨干教师培训及管理情况；下一级教育行政部门和学校有责任经常向上一级教育行政部门反映本地、本校骨干教师的工作表现。

第二十二条　教育行政部门要定期组织城镇骨干教师到农村支教、送教和讲学，有计划地选派城镇骨干教师实现校际流动或跨校兼课，不断提高中小学教师队伍特别是农村教师队伍的整体素质，支持农村教育工作，促进教育均衡发展。

第二十三条　实行骨干教师证书制度，由教育行政部门统一印制，加强证书注册管理。

第七章　罚　则

第二十四条　骨干教师在任期内，有下列情形之一的，经调查核实后，报相应教育行政部门批准，取消其骨干教师资格，收回骨干教师证书，取消相应待遇：

（一）师德表现不良的；

（二）不履行职责，年度考核不合格的；

（三）任期内离开基础教育系统的；

（四）非组织原因脱离教育教学工作岗位的；

（五）在评选骨干教师工作中弄虚作假，欺骗组织的；

（六）违法乱纪，受到党纪、政纪处分或刑事处罚的；

（七）其他依照法律、法规应当取消其骨干教师资格的。

第二十五条　在骨干教师评选、考核过程中，提供虚假证明，材料不真实，或故意干扰评选及考核工作的，经查实后追究有关人员的责任，并视情节给予相应处分。

第八章　附　则

第二十六条　本办法由省教育厅负责解释。

第二十七条　本办法自颁布之日起施行。